Heilsteine Komplett-Anleitung

Dein Einstieg in die magische Welt der Steine und Kristalle

DIANA FREITAG

© **Copyright 2021 - Alle Rechte vorbehalten.**

Rechtliche Hinweise:

Dieses Buch ist urheberrechtlich geschützt und nur für den persönlichen Gebrauch bestimmt. Ohne die Zustimmung des Herausgebers darf der Leser keinen Inhalt dieses Buches ändern, verbreiten, verkaufen, verwenden, zitieren oder umschreiben.

Haftungsausschluss:

Die in diesem Dokument enthaltenen Informationen dienen nur zu Bildungs- und Unterhaltungszwecken. Es wurden alle Anstrengungen unternommen, um genaue, aktuelle, zuverlässige und vollständige Informationen zu liefern. Die Leser erkennen an, dass keine rechtlichen, finanziellen, medizinischen oder professionellen Ratschläge erteilt werden. Durch das Lesen dieses Dokumentes stimmt der Leser zu, dass der Herausgeber unter keinen Umständen für direkte oder indirekte Verluste verantwortlich ist, die durch die Verwendung der in diesem Dokument enthaltenen Informationen entstehen, einschließlich, aber nicht beschränkt auf Fehler, Auslassungen oder Ungenauigkeiten.

Inhaltsverzeichnis

Einleitung 1

Was sind Heilsteine? 3
    Kristall, Stein oder Edelstein? 5
    Die zehn wichtigsten Heilsteine 7

Die Heilsteinkunde im Wandel der Zeit 11
    Geschichtliche Entwicklung der Heilsteinkunde 11
    Heilsteinkunde in der heutigen Zeit 13
    Heilsteine – die Magie der Natur 16

Die Wirkungsweise der Heilsteine 21
    Die Heilwirkung der Steine für den Menschen 21
    Heilsteine für Kinder 23
    Wirken Heilsteine auch bei Tieren? 25

Schritt 1: Wie finde ich den richtigen Heilstein für mich? ... 27
    Heilsteine intuitiv erspüren 29
    Heilsteine analytisch bestimmen 32

Schritt 2: Erste Erfahrungen mit den Heilsteinen sammeln . 45
    Rosenquarz 44
    Bergkristall 46
    Amethyst 49
    Rauchquarz 51
    Jade 52
    Citrin 54

Turmalin 55

Tigerauge 57

Aventurin 58

Mondstein 60

Schritt 3: Lasse die Heilsteine für dich wirken **63**

Handschmeichler 65

Trommelsteine 66

Heilsteinwasser 67

Aufstellen von Heilsteinen 78

Heilsteinmeditation 87

Heilsteine für Fortgeschrittene **95**

Heilsteine in der Ayurveda-Lehre 96

Heilsteine für Chakren 102

Heilsteine und die Planeten 111

Heilsteine im Schamanismus 116

Tipps zur Aufbewahrung und Pflege deiner Heilsteine **119**

Heilsteine richtig aufbewahren 119

Heilsteine entladen 121

Heilsteine erneut aufladen 123

Reinigung und Aufladung der Heilsteine für Edelsteinwasser 125

Ritual zur Reinigung und Aufladung der Heilsteine 126

Abschluss **131**

Quellen und weiterführende Literatur **133**

Einleitung

Aus dem Schoß von Mutter Erde hervorgebracht, faszinierten Edelsteine schon immer Menschen aller Zeiten. Millionen von Jahren schlummerten sie tief in den entstandenen Erdschichten und speicherten so die geballte Kraft der Natur. In der griechischen Mythologie glaubte man, dass die Edelsteine als Freudentränen auf die Erde gelangten. Man sagt, die Götter des Olymps vergossen sie nach dem Sieg über ihre ärgsten Feinde, die Titanen. Und nach einer langen Reise aus den Höhen des Olymps kamen diese Freudentränen am Erdboden an und verwandelten sich in funkelnde Smaragde, Saphire oder Opale. Die Schönheit der Steine, ihre Farben und die Lichtbrechung der Kristalle begeisterten Menschen aller Zeiten und oft verhalf der Besitz seltener Edelsteine so manchem zu Wohlstand und Ansehen.

Nicht nur ihre Formen und Farben ziehen sofort die Aufmerksamkeit des Betrachters auf sich, zudem weckt die Energie, die sie ausstrahlen, eine tiefe Erinnerung an die Verbundenheit der Menschheit mit der Natur. Wissend um diese Wirkung, wurden Edelsteine seit jeher als Ritual- und Heilsteine eingesetzt und finden gerade in der heutigen Zeit – in der Spiritualität und in Naturheilverfahren – zunehmend Zuspruch und Verwendung. Denn viele Menschen, die mit Heilsteinen arbeiten und sie kaufen, glauben fest daran, dass sie dadurch Heilung oder zumindest Linderung ihrer Beschwerden erfahren können. Aber ist es wirklich nur ein Glaube, oder steckt doch mehr hinter der Power von Steinen?

In der Heilsteinkunde kommt den Edelsteinen und Steinen generell eine große Bedeutung zu. Ihre Wirkungen sollen von reinigend, über energetisierend bis schützend reichen. Dabei geht man davon aus, dass Steine sozusagen als Vermittler von bestimmten Informationen fungieren, aber auch ihre eigenen Kräfte besitzen, die sie weitergeben können. Bis heute kann die Wissenschaft die Wirkung von Heilsteinen auf den menschlichen Organismus nicht belegen. Doch nachgewiesen ist, dass von ihnen eine gewisse elektromagnetische Strahlung ausgeht. Wenn man betrachtet, wie Steine entstanden sind bzw. wachsen, wird klar, dass sie tatsächlich die Energie von Milliarden von Jahren in sich tragen können. Denn sie bauten sich auf, Schicht für Schicht, von innen nach außen, sämtlichen Naturereignissen schutzlos ausgeliefert. Was die Steine wohl alles für Geschichten erzählen könnten? Die Menschen spürten schon vor langer Zeit, dass Steine nicht lediglich leblose Objekte am Wegesrand sind, und so fanden sie auf verschiedene Weisen Verwendung in sehr vielen Kulturen dieser Welt.

Lass dich nun in den Bann der wunderschönen Heilsteine ziehen und entdecke in diesem Buch, was sie für dich tun können und welche verschiedenen Möglichkeiten es gibt, sie als energetische Helfer für deine persönlichen Bedürfnisse einzusetzen. Dafür brauchst du zunächst keine Vorkenntnisse, denn du wirst Schritt für Schritt die Welt der faszinierenden Heilsteine kennenlernen und mithilfe von Hintergrundinformationen, verschiedenen Übungen und Anwendungsmöglichkeiten herausfinden, welche Steine zu dir und deinen individuellen Anliegen passen. So kannst du deine eigenen Erfahrungen sammeln und immer mehr darüber lernen, die den Heilsteinen innewohnende Kraft auf dich wirken zu lassen.

Was sind Heilsteine?

Gehörst du auch zu den Steinliebhabern, die bei jedem Urlaub oder Spaziergang ein oder mehrere Steinchen zum Andenken mitnehmen? Wie wundervoll ist es, auch Kindern dabei zuzusehen, wie sie ihre Steinfundstücke hüten wie einen Schatz und die Besonderheit jedes einzelnen schätzen. Steine üben eine magische Anziehungskraft auf uns Menschen aus. Ihre Formen, Farben und Beschaffenheit verführen uns zum Anfassen, Betrachten, Spielen und Sammeln. Doch hat der Kieselstein vom letzten Strandurlaub für uns nun auch eine heilende Wirkung? Welchen Steinen kann der Begriff „Heilstein" eigentlich zugeschrieben werden und warum?

Zunächst versteht man darunter Mineralien, Gesteine und Fossilien, die auch wirklich zum Zwecke der Behandlung von physischen und psychischen Krankheiten eingesetzt werden und eine Heilung erzielen sollen. Was wissenschaftlich bis heute noch nicht belegt werden konnte, hinderte viele Menschen aber nicht daran, an ihre innewohnende Kraft und wohltuende Wirkung zu glauben und eigene Erfahrungen damit zu machen.

In der alternativen Naturheilkunde geht man davon aus, dass Heilsteine eine ganz besondere energetische Schwingung – auch Frequenz genannt – in sich tragen, welche die Heilung von Krankheiten unterstützen kann. Natürlich sollte jede Krankheit medizinisch abgeklärt und von einem Arzt oder Heilpraktiker behandelt werden. Es ist naheliegend, dass ein Heilversprechen unseriös wäre und juristisch sogar geahndet wird. Die wissenschaftliche Sichtweise geht bis heute von einem sogenannten „Placebo-Effekt" der Heilsteine aus, da noch kein Beweis für eine klinische Wirksamkeit erbracht wurde.

Dies zeigt umso mehr, wie wichtig die eigenen Erfahrungen mit den ausgewählten Steinen sind. Bereits Hippokrates, bedeutsamer Arzt der Antike, untermauert mit seinem Ausspruch „Wer heilt, hat recht!", dass ein Heilungsprozess ein sehr individueller Weg ist und daher nicht zwangsweise ausschließlich einer rein wissenschaftlichen Erklärung bedarf. Doch was können Heilsteine nun wirklich für uns tun?

Ein Erklärungsmodell, dass Heilsteine unterstützend bei verschiedenen körperlichen und seelischen Heilungsprozessen wirken können, besteht darin, dass die Schwingung des ausgewählten Steins in der Lage ist, auch die Eigenschwingung kranker Zellverbände im Körper von Mensch und Tier wieder in ein harmonisches Gleichgewicht zu bringen. Durch das Auflegen der Steine auf entsprechende Körperstellen wird diese Wirkung über die Haut entfaltet.

Eine weitere Erklärung für eine Wirkung der Heilsteine wird durch enthaltene Mineralklassen und Spurenelemente erklärt. Zu den Mineralklassen zählen natürliche Elemente, Sulfide, Halogenide, Oxide, Karbonate, Sulfate, Phosphate und Silikate. Spurenelemente sind zum Beispiel Eisen, Zink, Iod und Selen.

Seit Langem ist bekannt, dass auch Farben Einfluss auf die Stimmung, das Gemüt und somit auf den Heilungsweg nehmen können. Die Heilsteine besitzen aufgrund ihrer unterschiedlichen mineralischen Zusammensetzungen auch eine mannigfache Farbgebung. Jede Farbe verfügt über eine bestimmte Schwingung und kann dadurch anders auf den Organismus wirken.

Die Wirkung der Steine auf den Körper setzt sich, laut der Heilsteintherapie, demnach aus mehreren Faktoren zusammen: Zum einen dringt die Schwingung der Farbe des Heilsteines in den Körper ein, die eine bestimmte Bedeutung und Auswirkung hat. Hinzu kommt die Zusammensetzung des Steines bezüglich des Gehalts an Mineralstoffen und Spurenelementen, die ebenfalls im Organismus enthalten sind und so für unterschiedliche Effekte sorgen. Zusätzlich wirkt, wie bereits dargelegt, ebenfalls die dem Stein innewohnende Frequenz.

Kristall, Stein oder Edelstein?

Heilsteine faszinieren Menschen aufgrund ihrer vielen verschiedenen Farben und Formen schon immer. Bereits dieses äußere Erscheinungsbild und ihre Eigenschaften zeigen auf, dass es verschiedene Gruppierungen gibt, die es zu unterscheiden gilt. Je nach chemischer Zusammensetzung und physikalischer Kristallstruktur definiert sich, ob Mineralien, die als natürliche Feststoffe in der Natur vorkommen, als Kristalle, Gesteine oder Edelsteine bezeichnet werden können.

Minerale

Weltweit gibt es über 5.300 Minerale. Sie zeichnen sich durch ihre mineralspezifischen Eigenschaften und chemisch eindeutige Zusammensetzungen aus. Dabei weisen sie neben enthaltenen Mineralien noch andere Bestandteile auf, die ihnen z. B. ihre spezielle Farbe verleihen. Minerale entstanden auf natürliche Weise unter oder auf der Erdoberfläche.

Kristalle

Kristalle existieren in verschiedenen Farben und Formstrukturen. Gerade der Aufbau dieser besonderen Formen folgt einer gewissen Gesetzmäßigkeit, denn oft sind sie regelmäßig und geometrisch angeordnet. Bestimmte Minerale ordnen sich dabei in einer besonderen und regelmäßigen Form an, wodurch sie ihre Definition als Kristall erhalten.

Gesteine

Gesteine bestehen aus mehreren miteinander verbundenen Mineralen. Manche dieser Verbindungen verwachsen auch mit Kristallen verschiedener Mineralarten (z. B. Pyrit).

Edelsteine

Damit ein Mineral als ein Edelstein definiert wird, muss er über verschiedene Eigenschaften verfügen:

Die Schönheit des Steins ist ein Kriterium, das erfüllt sein muss. Hier spielen vor allem die Farbe, der Glanz und die Transparenz der Kristalle eine große Rolle. Der Härtegrad eines Minerals, bezeichnet als Mohshärte, entscheidet ebenso darüber, ob es sich um einen Edelstein handelt. Erst ab einer Mohshärte von 7 liegt eine Edelsteinhärte vor. Es ist naheliegend, dass Steine mit einer geringeren Härte leichter splittern oder brechen können und daher dem Prädikat Edelstein nicht entsprechen. Je seltener ein Mineral in der Natur vorkommt, desto wertvoller ist seine Einstufung als Edelstein. Vielen Steinen sieht man auf den ersten Blick nicht an, dass sich unter ihrer unscheinbaren Fassade ein funkelnder Edelstein verbirgt. In ihrer Rohform können Edelsteine durchaus sehr schlicht sein. Erst durch den speziellen Schliff und das Polieren wird ihre wahre Schönheit sichtbar. Als bekanntestes Beispiel ist hier wohl der Diamant zu nennen, der erst durch die entsprechende Behandlung zum wertvollen Edelstein wird. Minerale, die eine geringere Härte aufweisen, jedoch trotzdem eine intensive Farbe und Reinheit haben, nennt man Halbedelsteine oder Schmucksteine.

Die zehn wichtigsten Heilsteine

Bevor du dich ausführlicher damit beschäftigst, mehr über die verschiedenen Heilsteine zu erfahren und deinen ganz persönlichen zu finden, werden dir hier zu Beginn die zehn wichtigsten und wohl auch bekanntesten kurz vorgestellt. Anhand dieser Tabelle erhältst du einen ersten knappen Überblick, für welche Anwendungsbereiche sich diese Heilsteine einsetzen lassen und welche Wirkungen von ihnen ausgehen sollen. Diese Steine werden dich im Verlauf des Buches weiter begleiten und noch mehr über sich preisgeben.

Heilstein	Bedeutung	Wirkung
Rosenquarz	Liebe, Mitgefühl, Fruchtbarkeit	Da Rosenquarz auf der emotionalen Frequenz schwingt, stärkt er vor allem das Mitgefühl und die Liebe und sensibilisiert für andere Menschen. Auch soll er beruhigend und entspannend wirken und als Schutzstein vor äußerlichen Einflüssen schützen.

Bergkristall	Klarheit, Energie	Der Bergkristall ist der Stein der Wahrheit und verstärkt die Emotionen und Schwingungen. Wie kein anderer Stein ist er in der Lage, Informationen aufzunehmen und abzuspeichern.
Amethyst	Kreativität, Reinheit	Der Amethyst soll eine reinigende und beruhigende Wirkung auf den Körper und Geist haben. Zudem regt er die Fantasie und Kreativität an. Er kann dabei helfen, festgefahrene Emotionen loszulassen und die innere Ruhe zu fördern.
Rauchquarz	Kraft, positive Energie, Entspannung	Der Rauchquarz reduziert Stress und Nervosität. Er schützt vor Strahlungen, aber auch vor negativen Schwingungen und Spannungen. Somit kann er als Schutzstein benutzt werden.
Jade	Harmonie, Ruhe	Der Jadestein wirkt stimmungsaufhellend und ausgleichend. Er möchte innere Ruhe schenken und eine angenehme Atmosphäre fördern. Aufgrund dieser Eigenschaften kann er auch auf zwischenmenschliche Beziehungen wirken und sie weiterentwickeln. Es ist ein Heilstein, der zur inneren Mitte führt und das Selbstbild stärkt.

Citrin	Vitalität, Lebensfreude, Entspannung	Der Citrin schenkt gute Laune und erhellt den Geist. Er bringt Unbeschwertheit in das Leben und unterstützt daher perfekt sensible und nachdenkliche Menschen.
Turmalin	Schutz	Der Turmalin ist einer der wichtigsten Schutzsteine und hält negative Energien, Strahlungen und Schwingungen vom eigenen Energiefeld ab. Er soll den Charakter stärken können und die Stimmung heben. Zudem wird ihm nachgesagt, seelische Heilung unterstützen zu können.
Tigerauge	Mut, Schutz, Geborgenheit	Das Tigerauge stärkt das Selbstbewusstsein und hilft so, den eigenen Weg zu finden und zu gehen. Auch bei schwierigen Entscheidungen und ungelösten Situationen kann er unterstützend wirken. Er hilft bei der Entspannung, aber auch Fokus und Konzentration zu finden.
Aventurin	Heilung, Geduld	Der Aventurin schenkt vor allem Ruhe und Geduld. Er heilt alte und neue seelische Wunden und wirkt positiv auf körperliche Heilungsprozesse.

Mondstein	Intuition, Weiblichkeit, Schlafqualität	Der Mondstein ist sehr bekannt als der beste Heilstein für Frauen. Er hilft, Menstruationsbeschwerden zu lindern, und begleitet durch die Schwangerschaft. Außerdem stärkt er die Verbundenheit zu den verschiedenen Mondphasen und der Natur und schenkt Kraft und Lebensfreude. Zudem kann der Mondstein bei Schlafschwierigkeiten helfen.

Die Heilsteinkunde im Wandel der Zeit

Wie bei vielen alternativen Naturheilverfahren reicht auch der Ursprung der Heilsteinkunde weit in die Zeit zurück. Die Geschichte geht bis zu den Anfängen der Menschheit zurück, denn bereits seit man Edelsteine zu Schmuck weiterverarbeitete, nutzte man die Steine ebenfalls zu Therapiezwecken. Auch sind ihre Wurzeln in den unterschiedlichsten Kulturen wiederzufinden. Über Generationen hinweg wurde also das Wissen über die energetische Wirkung von Steinen weitergegeben. Es ist naheliegend, dass sich die Heilsteinkunde über die Dekaden hinweg wandelte und immer wieder von Menschen der jeweiligen Zeitepoche erforscht und angepasst wurde. So sieht sich der moderne Mensch der heutigen Zeit mit anderen Lebensherausforderungen konfrontiert als noch zu Zeiten des naturverbundeneren Lebens. Wie ist also die Heilsteinkunde eigentlich entstanden und wo kann und möchte sie uns heute noch unterstützen?

Geschichtliche Entwicklung der Heilsteinkunde

Bereits in der Steinzeit begannen Neandertaler damit, Edelsteine mit weicherer Konsistenz, wie zum Beispiel Bernstein, zu Amuletten und anderen Schmuckstücken weiterzuverarbeiten. Das sollte Unglück, Krankheiten und böse Kräfte fernhalten und abwehren. Gleichzeitig dienten sie als Kraftspender und zum Schutz.

Nachfolgende Naturvölker verwendeten weiterhin Edelsteine für verschiedene Zeremonien, als Schutzsteine vor negativen Energien oder eben auch zur Heilung von Krankheiten. Sowohl die Steine als auch andere Naturmaterialien stellten für die Menschen Vermittler und Bindeglied zu Mutter Natur dar. Edelsteine und Kristalle galten außerdem als Geschenk für die Götter. Als Glücksbringer und als Schutzamulette getragen, wurden sie seit jeher sehr geschätzt.

Die Heilsteinkunde entwickelte sich vor Tausenden von Jahren immer weiter, als z. B. in der chinesischen Heilkunde entdeckt wurde, dass Steine heilende Energien besitzen, die sie bei Auflegen auf den Körper freisetzen. In anderen Kulturen, wie bei den Babyloniern, dienten die Edelsteine zur Herstellung spezieller Heiltinkturen.

Die über 5000 Jahre alte indische Lehre und Heilkunst des Ayurveda, das „Wissen vom langen und gesunden Leben", kennt bis heute Rezepte mit Heilsteinen. So werden daraus Pasten, Pulver und Elixiere hergestellt, denen man eine heilende Wirkung bzw. Aktivierung der Selbstheilungskräfte nachsagt.

Auch die alten Ägypter nutzten die schönen Steine, z. B. Amethyst oder Granat, um sie den Toten als Amulette mit in das Grab zu geben. In Ägypten gilt bis heute ein Stein in Form eines Käfers, der Skarabäus, als besonderer Glücksbringer. Er symbolisiert das Leben und die Sonne, was aufzeigt, dass die Astrologie für die ägyptische Kultur von großer Bedeutung war. So verwendeten sie Edelsteine auch als Symbole für ihre eigenen Sternzeichen.

Auch im europäischen Raum beschrieb der altgriechische Philosoph Aristoteles die heilende Wirkung von Edelsteinen. Er befasste sich in seinen Schriften mit Philosophie, aber auch mit naturwissenschaftlichen Themen. Der Einsatz von Heilsteinen bei Krankheiten war in der antiken Medizin keine Seltenheit, sodass Aristoteles von der besonderen Wirkung in seinen Schriften berichtete. Später wurde dieses Wissen der Antike im Mittelalter aufgegriffen und angewandt.

Im deutschen Raum ist vor allem die Naturheilkunde der Benediktinerin Hildegard von Bingen sehr bekannt. Sie wirkte in ihrer Zeit als Dichterin, Äbtissin, Komponistin und Universalgelehrte und schrieb den Edelsteinen ebenfalls eine große Bedeutung zu. Bereits zur damaligen Zeit des Mittelalters betrieb sie naturwissenschaftliche Forschungen und beschäftigte sich mit Kosmologie und Medizin.

Hildegard verwendete die Heilsteine sowohl innerlich als auch äußerlich zu Therapiezwecken. Sie beschäftigte sich im elften Jahrhundert ausführlich mit der Wirkung der Heilsteine und setzte sie zur Behandlung verschiedener Krankheitsbilder ein. Ihre Erfahrungen schrieb Hildegard von Bingen in verschiedenen Büchern nieder. In diesen Texten setzte sie sich, im Lichte ihres Glaubens, intensiv mit der Entstehung und Therapie von Krankheiten auseinander. Sie verfasste ein Heilstein-Lexikon mit ausführlichen Berichten über 24 Heilsteine und deren Wirkungen und Anwendungen. Interessanterweise empfing sie die Wirkung der in der Bibel aufgeführten Steine in Form von Visionen, also auf einer subtil energetischen Ebene. Sie beschrieb die Heilkraft der Steine als ein „Strahlen" und als „Kräfte", die im Zusammenhang mit ihrer Entstehung aus „Wasser und Feuer" stehen und so ihre Heilkraft erhalten. In der modernen Heilsteinkunde wird sich die Heilwirkung durch das elektromagnetische Feld der Steine erklärt, da sie bei ihrer Entstehung, z. B. im Vulkan, Schwingungen erhalten haben, die sie weitergeben können.

Je nach Heilstein und Krankheit variierten ihre Anwendungsformen von äußerlichem Auflegen, als Kette getragen oder aufgekocht in Wein oder Bier. Wissenschaftlich konnte ihren Methoden keine Wirkung nachgewiesen werden und doch schwören noch heute viele Menschen auf diese naturheilkundlichen Rezepte und Verfahren.

Ihrer Heilkunde liegt eine ganzheitliche Sichtweise auf den Menschen zugrunde. Hildegard von Bingen hatte bereits früh verstanden, dass es verschiedene Faktoren gibt, die zusammenwirken, wenn es um die Entstehung von Krankheiten geht. Ihre Behandlungsmethoden fokussierten sich insbesondere auf die Erforschung und Heilung der Krankheitsursache. Dabei ließ sie neben den körperlichen Faktoren auch die Seele des Menschen nicht außer Acht. Das war eine Vorgehensweise, die bis heute noch in der Naturheilkunde als Grundtheorie gilt.

Heilsteinkunde in der heutigen Zeit

In der heutigen Zeit ist die Heilsteinkunde vor allem geprägt davon, ihre Thesen wissenschaftlich zu erforschen sowie die Wirkung der Heilsteine nachweisen zu wollen. Diese Form der Auseinandersetzung brachte jedoch bis heute noch keinen Beleg für die Wirksamkeit der Heilsteinlehre. Dennoch interessieren sich immer mehr Menschen für diese alternative Form der Behandlung körperlicher und seelischer Disharmonien. Dies liegt sicherlich auch daran, dass die Heilsteinkunde sich vor allem mit dem Erkunden der Ursache verschiedener Krankheiten auseinandersetzt und ganzheitliche Heilungsprozesse anstoßen möchte. Auch greift sie das Verständnis auf, dass alles, was den Menschen umgibt, miteinander in Verbindung steht.

Steine sind Energieträger, die Energien aufnehmen und auch wieder abgeben können. Die jahrtausendealte Heilsteinkunde stellt somit einen Wissensschatz dar, der nicht in Vergessenheit geraten sollte. Erst die Zeit der Industrialisierung ließ das Wissen um die heilende Kraft der Steine an Bedeutung verlieren. Doch suchen immer mehr Menschen heute nach verschiedenen Möglichkeiten, Antworten auf ihre Fragen zum Thema Heilung zu finden, und begegnen dabei den Überlieferungen vergangener Zeiten. So finden immer mehr Heilsteine, die aufgrund ihrer energetischen Schwingungen Heilung unterstützen sollen, Beachtung in der heutigen Alternativheilkunde. Mittlerweile existieren für jedes Problem, für verschiedenste Lebenssituationen und die jeweiligen Sternzeichen entsprechende Heilsteine.

Auf der Grundlage der Erkenntnisse und Überlieferungen über Heilsteine aus vergangenen Zeiten und anderen Kulturen bestehen bis heute therapeutische Ansätze, die mit der Kraft und Energie der Steine arbeiten.

So richtet sich die Edelsteintherapie am Wissen um historisch überlieferte Heilsteine aus und setzt Edelsteine, Gesteine und Schmucksteine als Heilsteine ein. Aufgrund ihrer speziellen Eigeninformationen, ihrer Frequenzen, sollen sie gezielt auf Körper, Geist und Seele wirken. Je nach Beschwerden des Menschen werden dabei verschiedene Anwendungen empfohlen, die auch zum Teil auf die Überlieferungen von Hildegard von Bingen zurückgehen oder mit anderen alternativen Heilverfahren kombiniert werden. Heilsteinen wird außerdem nachgesagt, dass sie auf dem spirituellen Weg Unterstützung bringen können, da sie mit der Energie der Chakren korrespondieren sowie vorherrschende Blockaden auflösen können. Ähnlich wie beim Reiki werden die Heilsteine auf den Körper aufgelegt oder getragen, damit sie ihre Energie übertragen können. Beliebt ist auch das Erstellen und Trinken von Edelsteinwasser.

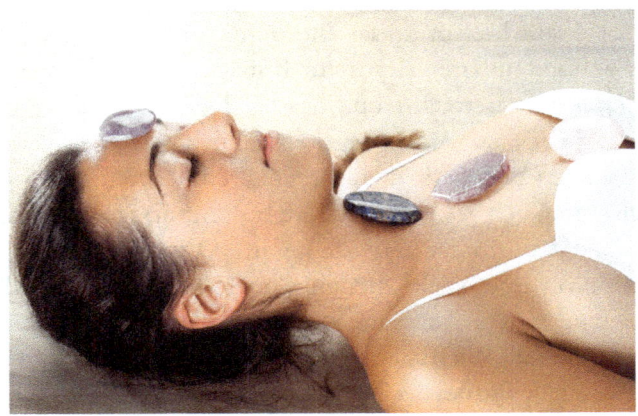

Der Japaner Mikao Usui gründete Ende des 19. Jahrhunderts Reiki als eine alternative Heilmethode, die auch heute noch therapeutisch eingesetzt wird. Es wird davon ausgegangen, dass der Mensch die Fähigkeit besitzt, seine Energie (Reiki) auch auf andere Menschen übertragen zu können. Dies erfolgt durch das Auflegen der Hände. Gleiches geschieht in der Edelsteintherapie, wobei die Edelsteine ebenfalls durch Auflegen ihre Wirkung über Schwingungen übertragen können. Beide Prinzipien beeinflussen so gezielt die Informationen des Körpers, um ihn wieder zur Harmonie anzuregen und ihn zu stabilisieren, damit Heilungsprozesse stattfinden können. Eine Kombination aus Reiki und Heilsteinen kann daher sehr wirkungsvoll sein.

In der Kinesiologie, die auf der TCM (Traditionelle Chinesische Medizin) gründet, werden Heilsteine ebenfalls gerne eingesetzt. Diese alternative Diagnostik und Therapiemethode spricht von der Lehre des Qi (Lebensenergie) und unterschiedlicher Meridiane im Körper. Muskeltests werden angewendet, die Krankheiten und Blockaden im Körper sichtbar machen sollen. So reagiert der Körper auch auf verschiedene Substanzen und Objekte im Außen. Diese Reaktionen können Informationen und Zusammenhänge über Emotionen und Ungleichgewichte im Körper aufzeigen. Heilsteine werden vom Therapeuten als Objekte eingesetzt, um herausfinden zu können, welcher Heilstein in Bezug auf die jeweiligen Beschwerden eine positive Wirkung hat.

Heute noch sehr beliebt in der alternativen Medizin und Therapie ist die Bachblütenlehre nach dem britischen Arzt Edward Bach. Dieser erkannte bereits früh, dass jeder Krankheit auch eine seelische Störung zugrunde liegt. Er fand heraus, dass bestimmte Blütenessenzen diese Störungen regulieren können. Denn wie bei den Heilsteinen geben die Blüten ihre bestimmte Schwingung an die Essenz ab, die aus ihnen hergestellt wird. Diese Frequenzen helfen dann dem Körper, die Selbstheilungskräfte zu aktivieren und wieder ins Gleichgewicht zu kommen. Hier finden sich Parallelen zur Steinheilkunde, die ebenfalls mit den Schwingungen der Edelsteine arbeitet. Ähnlich wie bei der Einnahme von Edelsteinwasser werden in der Bachblütenessenz die Informationen der Blüten gespeichert und abgegeben. Während aber die Bachblütentherapie davon ausgeht, dass allein das seelische Ungleichgewicht des Menschen für eine Krankheit ausschlaggebend ist, sieht die Steinheilkunde diesen Zusammenhang nicht zwingend als Ursache. Manche Therapeuten orientieren sich bei der Auswahl der jeweiligen Heilsteine an den 38 Bachblüten und ihren Wirkungen, um beide Schwingungsinformationen positiv miteinander zu kombinieren.

Heilsteine – die Magie der Natur

Damals wie heute sind Steine und Kristalle aus der spirituellen Praxis unterschiedlichster Kulturen nicht wegzudenken. Schon immer waren sie magische Vermittler zwischen Mensch und Natur. Daher finden sie auch ihren festen Platz als Ritualgegenstände, z. B. im Schamanismus oder Druidentum, wo sie als magische Werkzeuge sehr wertgeschätzt wurden und werden. Der respektvolle Umgang mit Steinen rührt daher, dass sie als göttliches Geschenk geachtet werden. Steine werden in der Naturspiritualität jedoch auch als eine Art „Opfergabe" für die geistige Welt erachtet. Da bis heute in bestimmten spirituellen Kreisen davon ausgegangen wird, dass Steine und Kristalle genauso beseelt sind wie Pflanzen und Tiere, gelten sie als Ratgeber und Mittler zwischen den Welten.

An vielen Orten dieser Welt finden sich besonders geformte Steine oder Steinformationen wieder, die in der Geschichte der Menschen als Kraftorte und Ritualplätze dienten. Noch heute werden wir magisch angezogen von der besonderen Atmosphäre, die an solch einem Ort herrscht, wie z. B. Stonehenge. Mythen, die um diese Orte entstanden sind, lassen uns eintauchen in vergangene Zeiten, in denen Steine sehr bewusst wahrgenommen und eingesetzt wurden.

Steine stellen in der Naturspiritualität daher eigenständige Wesenheiten dar, die bestimmte Aufgaben erfüllen können. Durch ihr Erscheinungsbild, die Farben und Formen, ihre Haptik und die faszinierenden Lichtspiele der Kristalle erwecken sie den Wunsch im Menschen, sich damit zu schmücken und zu umgeben. Oft kann man gar nicht glauben, dass die Natur solche wunderschönen Gebilde, wie z. B. einen leuchtenden Kristall, hervorbringen konnte und das lässt einen ehrfürchtig erstaunen.

Menschen, die sich mit Spiritualität und im Speziellen mit Naturspiritualität befassen, spüren oft intuitiv die Kräfte von Steinen, die auf feinstofflicher Ebene wahrnehmbar sind. Sie haben erkannt, dass wir Menschen selbst, wie alles in der Natur, energiedurchflutet sind. Körper, Geist und Seele bilden eine Einheit und sind nicht voneinander getrennt. Da in der spirituellen Sichtweise davon ausgegangen wird, dass alles Schwingung ist und bestimmte Energien hat, ist es auch möglich, diese in der Natur und ihren Gaben wiederzuentdecken, zu spüren, sich damit zu verbinden und für sich zu nutzen. Es ist naheliegend, dass sich Heilsteine daher auch besonders gut mit der Pflanzenheilkunde kombinieren lassen, da sie beide diese besondere Naturmagie in sich tragen.

Die Nutzung als Ritual- und Zeremoniegegenstände, das Tragen als Schmuck, Amulett und Glücksbringer haben sich bis in die heutige Zeit erhalten. Häufig werden Steine als Talismane genutzt, um sich zu schützen oder Glück zu bringen. Man kann also erkennen, dass das Wissen und Spüren um die Energie der Steine in uns verwurzelt ist. Denn interessant ist, zu wissen, dass es tatsächlich keine einzige Kultur auf dieser Welt gibt, in der Steine und Kristalle unbedeutend gewesen wären – weder in hoch entwickelten Kulturen noch in animistisch geprägten Weltanschauungen. Eine intensive Auseinandersetzung mit den Heilsteinen und offene Begegnung mit ihren Wirkungen und Energien sind daher auch immer zugleich eine Beschäftigung mit den eigenen Wurzeln und Botschaften der Ahnen.

Je nach aktueller Zeitqualität tauchten die Heilsteine mal mehr und mal weniger in der Geschichte der Menschheit auf. Ebenso kann es im eigenen Leben sein, dass es Phasen gibt, in denen man sich besonders stark zu ihnen hingezogen fühlt, während zu einem anderen Zeitpunkt der Bezug eher geringer ist. Man kann darauf vertrauen, dass die energetische Wirkung von Steinen darauf bedacht ist, Harmonie und Gleichgewicht in unser Leben zu bringen. Es ist also ein sehr natürlicher Prozess, dass gewisse Steine in einer bestimmten Lebensphase in das Leben treten und dieses auch wieder verlassen. Daher kann es vorkommen, dass man einen Stein z. B. verliert oder den tiefen Wunsch hat, ihn an eine andere Person weiterzugeben. Oft ist es auch so, dass ein selbst gefundener Stein äußerlich zwar unspektakulär wirken mag, aber die Energie und die Emotionen, die an diesem Ort waren, in ihm gespeichert sind. Wenn man ihn dann in die Hand nimmt, können dieser wieder aktiviert werden. Deshalb ist es gar nicht so entscheidend, einen sehr besonderen Stein zu kaufen. Auch die Steine in unserer näheren Umgebung wollen energetisch helfen und unterstützen.

Öffnest du dich für ihre Botschaften, können sie dir mit ihrer spirituellen Kraft weiterhelfen. Denn zu bedenken ist auch, dass Steine natürliche Rohstoffe sind, die aufgrund ihres schönen Aussehens auch kommerziell sehr intensiv genutzt werden und leider auch aus Profit schonungslos abgebaut werden. Der nachhaltige Gedanke sollte daher beim Erwerb von Edelsteinen mit bedacht werden. Es kommt die Frage auf, ob ein „gewaltsam" der Natur entrissener und womöglich verarbeiteter Stein die Energie in sich trägt, die man sich für seinen eigenen Heilungsweg wünscht. Ein in der eigenen natürlichen Umgebung gefundener Stein, z. B. in Verbindung mit einem meditativen Spaziergang, kann auch wieder an seinen Ort zurückgebracht werden, nachdem er seine Wirkung entfaltet hat. Auch den Steinen, wie allem aus der Natur Stammenden, sollte daher Wertschätzung und Respekt entgegengebracht werden, damit sie ihre wahre Magie für den Menschen entfalten können.

Die Wirkungsweise der Heilsteine

Wie du bereits erfahren hast, liegt die Wirkung von Heilsteinen darin, dass sie, wie alle Wesen auf dieser Erde, über bestimmte Energien verfügen. Doch wie genau können diese dem Menschen helfen, wenn es darum geht, Körper, Geist und Seele zu heilen?

Die Heilwirkung der Steine für den Menschen

Um die Wirkung eines Heilsteins wirklich verstehen zu können, ist es notwendig, zu erkennen, dass alle Lebewesen nicht ausschließlich aus ihrem physischen Körper bestehen, sondern auch von Energiefeldern umgeben sind. Eine Bezeichnung dafür ist die vielen bereits bekannte „Aura". Auch die Aura eines Menschen nimmt einen gewissen Raum ein, was bei manchen Persönlichkeiten sehr stark spürbar ist. Im Energiefeld, aber auch im Körper fließt unentwegt Lebensenergie. Die Chakrenlehre, auf die zu einem späteren Zeitpunkt im Buch noch genauer eingegangen wird, berichtet davon, dass es auch innerhalb des Körpers entlang der Wirbelsäule verschiedene Energiezentren gibt, die den Menschen mit Energie versorgen und diese auch wieder abgeben mittels Meridianen.

Die in den Steinen gespeicherten Informationen können sie als Schwingungen – auch Frequenzen genannt – auf andere Objekte und Wesen übertragen. Gleichzeitig wirkt ihre Farbe, die ebenfalls in bestimmten Frequenzen schwingt. Dadurch können sie Körper, Geist und Seele positiv beeinflussen und Heilungsprozesse anregen. Jeder Stein besteht aus einer ganz besonderen chemischen Zusammensetzung. Bei Berührung oder durch das Einlegen in Wasser gibt er Mikropartikel an die Haut oder die Flüssigkeit ab, die vom menschlichen Organismus aufgenommen werden.

Heilsteine Komplett-Anleitung

Heilsteine können ihre positiven Strahlungen an unsere Energiefelder abgeben und so den Energiefluss positiv beeinflussen. Wenn man sich vorstellt, dass Steine bereits seit Millionen von Jahren auf unserem Planeten existieren und die Kraft der vier Elemente in einer enormen Intensität in sich gespeichert tragen, wird klar, dass sie wahre Urkräfte in sich bergen.

Ähnlich ist die Wirkung von Akupunktur, die im alten China schon vor Tausenden von Jahren angewendet wurde, um die Lebensenergie wieder zum Fließen zu bringen. Denn Energieblockaden im Körper können im Organismus ebenfalls zu Krankheiten führen wie äußere Einflüsse. Ist die Energie in unserem Körper schwach, ist auch unser körperliches Abwehrsystem geschwächt, was Viren und Bakterien Tür und Tor öffnet und ebenfalls zu Krankheiten führt. Der Energiefluss im Körper kann aber auch durch negative Gedanken und Emotionen gestört und blockiert werden. Auch hier sollen Heilsteine durch ihre sanfte Schwingung ausgleichend wirken können. Bisweilen haben Menschen auf geistiger und seelischer Ebene mit bewussten und unbewussten Traumata zu kämpfen, die großen Einfluss auf das allgemeine Wohlbefinden und die Gesundheit haben können. In der Steinheilkunde gibt es daher Steine, die sich dem Symptom widmen, und andere wie der Bergkristall, welche die ursächliche Auflösung unterstützen.

Die Wirkung der jeweiligen Steine hängt auch stark von ihrer Verarbeitung ab. Man könnte als Leitfaden beim Kauf des Steines festhalten, sie so naturbelassen wie möglich zu verwenden. Am besten eignen sich daher ungeschliffene sowie unbehandelte Steine.

Wenn man die wissenschaftliche Seite betrachtet, die den Heilsteinen keine nennenswerte Wirkung nachweisen konnten, ist es aber doch Tatsache, dass z. B. Kristalle eine Funktionsweise haben müssen. Denn ohne sie würden viele elektrische Geräte, in denen sie verbaut werden, nicht funktionieren (Quarzuhr, Handy, Computer usw.). Mittlerweile ist es möglich, Kristalle künstlich exakt nachzubilden. Doch wer so einen geschliffenen Glasstein einmal in der Hand hielt, merkt schnell, dass er – im direkten Vergleich zu einem natürlichen Kristall – nicht lebendig ist. Gerade dieses Erspüren der Kraft des

Steines wird auch dich zu deinen persönlichen Heilsteinen führen, wenn du dich für die subtilen Schwingungen und Energien öffnest.

Zusammenfassend lässt sich die Wirkungsweise der Heilsteine also so erklären, dass sie die Fähigkeit besitzen, energetische Blockaden aufzulösen, Energien abzuziehen oder auch zu verstärken. Letztendlich geht es stets darum, die benötigte Harmonie wiederherzustellen und ausgleichend einzuwirken. Allerdings gilt zu bedenken, dass jeder Mensch einzigartig ist und aufgrund seiner Komplexität nicht jeder Stein bei gleichem Symptom helfen kann. Die Arbeit mit den Heilsteinen ist und bleibt daher ein Erfahrungsweg, der für jeden sehr persönlich und unterschiedlich sein kann. Doch wichtig ist: Eine Behandlung mit Heilsteinen sollte immer als eine begleitende Therapie verstanden werden und kann eine fundierte Anamnese und Behandlung durch einen Arzt, Heilpraktiker und/oder entsprechenden Therapeuten nicht ersetzen.

Heilsteine für Kinder

Eltern können mit der Hilfe von Heilsteinen ihre Kinder dabei unterstützen, ihre Energie zu bewahren, zu schützen und im Gleichgewicht zu halten. Kinder gehen besonders intuitiv mit Edelsteinen um und sind fasziniert von ihrem Glanz und ihrer Farbe. Heilsteine wirken bei Kindern besonders gut, denn sie spüren unbefangen, welcher Stein ihnen gerade besonders guttut und auch wie lange sie ihn auflegen oder in der Hand halten sollten. Dies kann mitunter sehr schnell geschehen, sodass Kinder plötzlich einen Stein nicht mehr interessant finden oder die Kette ablegen möchten. Der Stein hat damit bereits seine energetische Wirkung erzielt. Erwachsene brauchen gelegentlich länger, um sich auf die Frequenz des Steines einzulassen, Vertrauen zu finden und sich Zeit zu nehmen in einem geschützten Raum, wie z. B. im Rahmen einer Meditation. Kinder sind oft noch ganz natürlich in diesem Zustand und reagieren daher relativ schnell und intensiv auf die Heilsteine. Wichtig ist bei Kindern, besonders darauf zu achten, dass die Steine nicht verschluckt werden können.

Babys kommen mit einer sehr reinen und hoch schwingenden Energie auf die Welt. Mit jedem Tag kommen sie auch mehr in ihrem Leben auf Erden an und nehmen fremde Energien in ihre Aura auf. Hier können bereits Kristalle wie Bergkristall und Amethyst helfen, ein gereinigtes Umfeld aufrechtzuerhalten. Sie können das Kinderzimmer schmücken oder auch neben der Wiege aufgestellt werden.

Sehr bekannt ist wohl die Bernsteinkette für Babys, die dabei helfen soll, den Juckreiz und die Entzündungen beim Zahnen zu reduzieren. Das Besondere an Bernstein ist, dass es sich hierbei um versteinertes Baumharz handelt, das mit der Zeit fest geworden ist. Der Bernstein kann Energien aufnehmen, aber nicht mehr vollständig abgeben. Dies kann negative Auswirkungen auf das Kind haben, wenn es sich z. B. um ein Erbstück handelt, das dann noch die Energien der Vorfahren in sich trägt. Der Effekt lässt sich aber auch positiv nutzen, wenn die Bernsteinkette vorher durch die Energie der Mutter aufgeladen wird, damit sie an das Kind weitergegeben wird. Dies kann z. B. bei Einschlafschwierigkeiten helfen. Damit sich die Bernsteine optimal aufladen, sollten sie mindestens ein paar Tage oder Wochen von der Mutter selbst getragen werden.

Mit zunehmendem Alter können die Heilsteine Kinder unterstützen z. B. in Form einer Kette, eines Anhängers, Armreifs, Rings oder aufgestellt im Kinderzimmer. Da Kinder noch sehr genau spüren, welche Energie sie gerade brauchen, sollten sie unbedingt in den Auswahlprozess mit einbezogen werden. Kinder und auch Jugendliche sind für das Thema Edelsteine meist einfach zu begeistern. So könnte auch eine kleine Schatzkiste entstehen, die sich langsam mit den Lieblingssteinen füllt, die sich als kleine Helfer für den Alltag nutzen lassen. Es gibt viele Edelsteinbücher, die sich gezielt an Kinder wenden und ihren Entdeckungsdrang und ihre Neugierde wecken können. Kleine Rituale mit den Steinen helfen, Struktur und Halt im Alltag zu finden, und so werden die Heilsteine ganz spielerisch ein Teil ihres Lebens.

Wirken Heilsteine auch bei Tieren?

Heilsteine können auf Tiere genauso wie auf uns Menschen wirken, da alle Lebewesen Energieträger sind. Tiere sind besonders empfänglich für die Schwingungen anderer Tiere und Menschen. Wer über einen längeren Zeitraum mit einem Haustier zusammengelebt hat, weiß, dass diese genau spüren, wie es dem Menschen gerade geht und entsprechend reagieren.

Heilsteine besitzen ein hohes energetisches Potenzial, das sich aus verschiedenen Frequenzen zusammensetzt, wodurch sie beim Beseitigen von Blockaden und Disharmonien helfen können. Auch

Tiere haben Emotionen und neigen wie ihre Besitzer dazu, Traumata zu speichern sowie energetische Blockaden zu entwickeln.

Wie beim Menschen kann die Heilsteintherapie bei Tieren äußerlich und innerlich Anwendung finden und mit anderen alternativen Behandlungsformen wie z. B. Bachblüten kombiniert werden. Wenn der richtige Heilstein gefunden wurde, kann er am Halsband befestigt oder beim Schlafplatz aufgestellt werden. Natürlich sollte der Stein sicherheitshalber eine entsprechende Größe haben, sodass er vom Tier nicht verschluckt werden kann. Das wohltuende Edelsteinwasser kann Tieren ebenfalls verabreicht werden. Die entsprechenden Heilsteine werden dafür über Nacht in klares Wasser gelegt, sodass es am nächsten Tag getrunken werden kann. Manche Tiere sind auch empfänglich für Massagen mit einem entsprechenden Heilstein. Diese können beruhigen, entspannen und so Schmerzen in der Muskulatur lockern. Der Stein sollte dafür eine entsprechende Form haben wie z. B. als Massagestab oder Handschmeichler.

Schritt 1: Wie finde ich den richtigen Heilstein für mich?

Grundsätzlich gilt bei Heilsteinen oft, dass sie dich finden, denn ihre Energie zieht deine Aufmerksamkeit an. Wenn du deiner Intuition traust, wirst du ziemlich schnell spüren, welcher Edelstein gerade in dein Leben möchte. Um den richtigen Stein für dich zu finden, kannst du zwei unterschiedliche Wege gehen.

Der erste Weg ist der intuitive, der dich fast schon magisch zu deinem Stein führt, weil dein Herz spürt, dass du ihn gerade brauchst. Vielleicht spricht dich sofort eine bestimmte Farbe eines Steines sehr an. Auch die Form oder eine besondere Maserung kann deine Aufmerksamkeit einfangen. Unterdrücke diese ersten Impulse nicht, sondern gib dich zunächst der Betrachtung hin, lerne den Stein erst einmal über den Augenkontakt kennen. Wenn ein bestimmter Heilstein dich in den Bann zieht und du die Möglichkeit dazu hast, kannst du ihn anfassen, spüren, in Ruhe die Augen schließen und dich mit ihm verbinden. Dies klingt womöglich zunächst abwegig, weil wir nicht mehr gewohnt sind, mit Objekten in einen derart emotionalen, sinnlichen und energetischen Austausch zu gehen. Mit der Zeit und Übung wirst du aber den Unterschied spüren und erfühlen, dass ein Stein tatsächlich „lebendig" ist. Du kannst diese Intuition auch trainieren, indem du bei Spaziergängen den Wunsch äußerst, z. B. einen Glücksstein für dich zu finden. Halte die Augen bei jedem Schritt offen. Du wirst sehen, dass du auf deinem Weg irgendwann einem sehr bestimmten Stein begegnen wirst, von dem du weißt, dass er genau dieser Glücksstein ist.

Ein zweiter Weg könnte ein analytischer sein, indem du gezielt nach dem Heilstein suchst, der dich in einer bestimmten Situation oder auf deinem Heilungsweg unterstützen soll. Bei mehr als 500 Edelsteinen kann dies zunächst einmal überwältigend sein. Doch wenn du dich an den in diesem Buch aufgelisteten wichtigsten Heilsteinen orientierst, sind dadurch bereits die meisten und wichtigsten Heilaspekte erfasst. Zudem kann ergänzend zu deiner eigenen Recherche eine gezielte Steinberatung durch einen Experten helfen, die passende Auswahl zu treffen.

Einige Fragestellungen helfen dir dabei, dich schrittweise an jenen Heilstein heranzutasten, der gerade für deine Situation hilfreich sein kann. Du kannst sie gerne in ein kleines Büchlein notieren und so deine persönliche Entwicklung dokumentieren. Deine Notizen können dich dabei unterstützen, zu erkennen, welche ersten Impulse dir deine Intuition zeigt, welche Gedanken und Emotionen aufkommen, wenn du mit dem Stein in Kontakt trittst, und Veränderungen skizzieren, die sich in der Arbeit mit deinem Heilstein zeigen können.

1. Welche Steine faszinierten mich in meiner Kindheit?
2. Hatten diese Steine eine bestimmte Farbe oder Form?
3. Welcher Anlass hat mich dazu angestoßen, mich mit Heilsteinen zu beschäftigen?
4. Gibt es bestimmte psychische oder physische Beschwerden, die ich für mich heilen möchte?
5. Handelt es sich um eine bestimmte Herausforderung oder wünsche ich mir generell Unterstützung?
6. Gibt es bereits Techniken, die ich anwende, in denen ich einen Heilstein integrieren könnte z. B. Meditation, Massagen?
7. Inwieweit kann ich bereits spüren, dass Steine „lebendig" sind?
8. Bin ich bereit, meinem Heilstein mit Offenheit und Neugierde zu begegnen?
9. Welche Farbe spricht mich aktuell besonders an (z. B. auch bei Kleidung)?
10. In welchen Situationen wünsche ich mir mehr Harmonie, welche der Heilstein unterstützen darf?

Nachfolgende Möglichkeiten sollen dir noch weitere Wege eröffnen, dich auf die Suche nach deinem ganz persönlichen Heilstein zu begeben.

Heilsteine intuitiv erspüren

Ein Weg, einen bestimmten Heilstein für sich zu finden, besteht darin, ihn über die Intuition zu erspüren. Abgesehen von speziellen Symptomen oder Situationen kannst du zunächst als erste Übung damit beginnen, einen Stein zu finden, welcher der Energie deines Geburtstages entspricht und dich als Glücks- und Schutzstein durch das Leben begleiten wird. Um eine Wahl treffen zu können, wäre es gut, wenn du bereits eine Auswahl von verschiedenen Heilsteinen vor dir hast – als Bild oder Objekt (deine persönliche Sammlung, in einem Mineraliengeschäft, Onlineshop oder Heilsteinebuch).

Betrachte in Ruhe und unbefangen Form, Farbe und Beschaffenheit der Steine. Vielleicht sticht dir dabei bereits ein Stein besonders ins Auge. Es kann sein, dass du dadurch schon eine engere Auswahl getroffen hast. Nimm dir nun für jeden dieser Steine ein paar Atemzüge in Stille und spüre die Energie des Steines. Wenn möglich, hältst du ihn dabei in deiner Hand oder stellst ihn dir vor deinem inneren Auge vor. Frage den Stein gedanklich direkt, ob er dein Geburtsstein ist und dich von nun an auf deinem Lebensweg begleiten möchte. Deine Intuition kommt sehr schnell und antwortet mit Ja oder Nein, bevor dein Geist überhaupt beginnt, darüber nachzudenken. Vertraue deinem Bauchgefühl, das dir die Antwort geben wird. Es kann auch sein, dass du in deinen Händen Wärme, Kälte oder sogar ein Kribbeln empfindest. Diese sinnlichen Eindrücke, die der Stein dir vermittelt, können in deine Entscheidung mit einfließen. Du kannst auch mehrere Steine vor dich hinlegen, ähnlich einem Tarotkartendeck, und deine Handfläche in einem kleinen Abstand darüber halten. Lass dich so von deiner Hand und den Eindrücken, die du dabei wahrnimmst, zu deinem Stein führen. Manchmal spürst du es sogar wie einen magnetischen Sog, der dich dazu veranlasst, einen bestimmten Heilstein auswählen zu wollen.

Nachdem du deine Auswahl getroffen hast, bedanke dich bei den Steinen und ganz besonders bei deinem neuen Steinbegleiter, der dich ab jetzt in all deinen Lebenssituationen unterstützen will. Du findest sicherlich einen geeigneten Platz für ihn, an dem er für dich wirken darf. Das kann nahe deinem Kopfkissen sein, vielleicht hast du auch einen kleinen Altar in der Wohnung oder ein Regal, auf dem du schöne und für dich wichtige Dinge hinlegst. Du kannst ihn auch nah am Körper tragen, z. B. als Kette oder in deiner Hosentasche, wo du ihn mehrmals am Tag verborgen vor anderen Blicken in der Hand halten kannst. Es kann auch sein, dass du deinen Stein zur Meditation benutzt und dabei bewusst Kontakt zu ihm aufnehmen möchtest. Wähle deine Art und Weise, dich mit seiner Energie zu verbinden. Nach einiger Zeit wirst du merken, was sich für dich am stimmigsten anfühlt und dich die Heilsteinenergie spüren lässt.

Solltest du deine Intuition mit einem Heilstein vorab stärken wollen, eignen sich besonders der Bernstein und der Citrin hierfür. Sie unterstützen deine Entscheidungskraft und stärken dein Bauchgefühl, was dir bei der intuitiven Methode der Heilsteinauswahl sehr entgegenkommen kann. Dafür kannst du diesen Stein vor deiner Entscheidungsfindung auf den Bauch legen, um dort die entsprechende Energie zu aktivieren, oder du hältst ihn in Händen und fokussierst dich auf deinen Bauchraum, Sitz deiner Intuition und Entscheidungskraft. So stärkst du auch für zukünftige Auswahlverfahren deine Wahrnehmung. Es kann sein, dass das intuitive Auffinden des passenden Heilsteins zu Beginn schwierig ist, da es von der Sensitivität und Unvoreingenommenheit abhängig ist. In der therapeutischen Steinheilkunde werden auch radiästhetische Methoden oder kinesiologische Muskeltests angewendet, um den richtigen Heilstein für eine Person zu finden.

Nachfolgende Unterscheidungen einer intuitiven Auswahl können dir noch weitere Möglichkeiten geben, deinen persönlichen Heilstein passend für dich ausfindig zu machen:

Seelenstein: Wählst du deinen Heilstein ausschließlich über visuelle Eindrücke, werden diese deinen in dir liegenden Erinnerungen zugeordnet. Diese intuitive Auswahl wird demnach deiner Seele zugeschrieben, die diesen Stein für dich aussuchen möchte.

Körperstein: Wenn du deine Hände für die Auswahl deines Heilsteines verwendest und ihn über den Tastsinn wahrnimmst, aber ohne, dass du ihn sehen kannst (geschlossene Augen, in einem Stoffbeutel etc.), wird dein Körper die Regie übernehmen, um einen passenden Stein für ihn zu finden. Denn dein Körper ist stets danach bestrebt, wieder Harmonie herzustellen, und kann so die Energie des Heilsteines erspüren, die ihm genau dabei helfen kann.

Verstandstein: Diese Auswahl trifft zu, wenn du bereits Informationen über die jeweiligen Wirkungsweisen der Steine besitzt, z. B. durch das Kapitel „Die zehn wichtigsten Heilsteine" aus diesem Buch. Wenn du spürst, dass beim Lesen der Liste deine Aufmerksamkeit bei einem ganz bestimmten Stein hängen bleibt, kann das ein Hinweis dafür sein, dass du hier eine Energie finden kannst, die dir auf geistiger Ebene weiterhilft. Dies kann z. B. nötig sein beim Lösen von aktuellen Problemen, Unsicherheiten bei Entscheidungen oder Denkblockaden.

Geiststein: Von einem Geiststein wird dann gesprochen, wenn du die Auswahl deines persönlichen Steines in die Hände der geistigen Welt übergibst. Der entsprechende Heilstein wird dann per „Zufall" zu dir finden bzw. dir zugewiesen. Du kannst jederzeit darum bitten, dass dieser Stein in dein Leben kommen wird. Lass dich überraschen, auf welche Art und Weise dir dein geistiges Team deinen Heilstein zuweisen wird.

Heilsteine analytisch bestimmen

Wenn es dir noch schwerfällt, deiner Intuition zu folgen, oder du die Energie der Heilsteine noch nicht stark wahrnehmen kannst, hast du die Möglichkeit, gezielt deinen Bedürfnissen entsprechend, nach dem Stein zu suchen. Selbstverständlich kannst du auch Heilsteine nach dem zuvor beschriebenen Verfahren für bestimmte Symptome oder Absichten finden. Mittlerweile gibt es jedoch schon viele Internetartikel, Bücher und auch ausgebildete Therapeuten der Heilsteinkunde, die dich bei der Suche unterstützen können. Jeder Edelstein besitzt eine ganz eigene, individuelle Energie und Wirkung. Im Laufe der Zeit wurden diese immer mehr kategorisiert und entsprechenden Anliegen zugeordnet. Im Kapitel „Die zehn wichtigsten Heilsteine" konntest du bereits einen Einblick in diese Einteilungen der Edelsteine erhalten.

Heilsteine und Sternzeichen

Wenn du deinen Geburtsstein z. B. auf analytische Weise herausfinden möchtest, kannst du auch auf Listen von Edelsteinen zurückgreifen, die den einzelnen Tierkreiszeichen zugeordnet werden. Bereits seit Jahrtausenden werden jedem Sternzeichen Heilsteine zugeordnet. Ursprünglich war es nur ein Heilstein pro Sternzeichen. Da sich aber die Bräuche mit der Zeit immer weiter veränderten, existieren mittlerweile verschiedene Heilsteinempfehlungen für die einzelnen Tierkreiszeichen. Hier können also mehrere Steine für ein Sternzeichen empfohlen werden, aus welchen du dann nach weiteren Kriterien, wie z. B. Aussehen, Preis, Gespür, auswählen kannst. Folgende Liste möchte dir zunächst einen entsprechenden Überblick geben:

Tierkreiszeichen	Mögliche Heilsteine
Widder (21. März – 20. April)	Granat, Rubin, Spinell, roter Jaspis, roter Achat, Aquamarin
Stier (21. April – 20. Mai)	Karneol, oranger Bernstein, Honigcalcit, Orangencalcit, Aventurin, Diamant

Zwillinge (21. Mai – 20. Juni)	Goldtopas, gelber Opal, Pyrit, gelber Fluorit, Chalcedon, Achat
Krebs (22. Juni – 22. Juli)	gelber Jaspis, Rutilquarz, Ammonit, Rosenquarz, Smaragd
Löwe (23. Juli – 23. August)	Orthoklas, Citrin, gelber Fluorit, gelber Turmalin, Tigerauge, Peridot
Jungfrau (24. August – 23. September)	Chrysoberyll, Brasilianit, grüner Apatit, Serpentin, Karneol, Saphir
Waage (24. September – 23. Oktober)	Peridot, grasgrüner Jade, Nephrit, Smaragd, Aventurin, Chrysopras, Serpentin, Opal
Skorpion (24. Oktober – 22. November)	Malachit, grüner Achat, Türkis, Amazonit, Obsidian, Topas
Schütze (23. November – 21. Dezember)	Larimar, Zeiringit, hellblauen Chalcedon, Tansanit, blauer Saphir, Sodalith, Türkis
Steinbock (22. Dezember – 20. Januar)	Amethyst, Bergkristall, schwarzer Rohdiamant, Onyx, Obsidian, Rubin
Wassermann (21. Januar – 19. Februar)	blauer Labradorit, blauer Fluorit, Aquamarin, blauer Topas, Coelestin, Granat
Fische (20. Februar – 20. März)	rosa Kunzit, Rosenquarz, Morganit, Girasol, Schneequarz, Achat, Amethyst

Anhand deiner Geburtsdaten kannst du dir auch ein ausführliches Geburtshoroskop erstellen lassen. Solche Horoskope sind sehr individuell, wodurch eine genauere Zuordnung eines Heilsteins möglich ist. Die Heilsteine haben besondere Wirkungen auf das jeweilige Tierkreiszeichen, die noch einmal genauer beleuchtet werden sollen.

Der **Widder**, als Feuerzeichen, besitzt besonders viel Energie. Heilsteine helfen ihm dabei, Hindernisse zu überwinden und ausgeglichen zu sein. Rote Edelsteine wie der rote Jaspis haben eine besonders positive Wirkung auf dieses Tierkreiszeichen. Sie unterstützten den Widder dabei, seine Persönlichkeit besser entfalten zu können, Blockaden zu lösen und Tatkraft zu verleihen. Auch Heilsteine wie Rubin und Spinell passen gut zum Widder, denn sie fördern die Lebensfreude, Mut und Leidenschaft. Der Granat bringt dem Widder neue Energie und Dynamik. Der Feuerachat kann diesem Sternzeichen helfen, sein Feuer nicht zum Flächenbrand werden zu lassen.

Dem auf dem Boden gebliebenen **Stier** helfen vor allem orangerote Heilsteine wie der Karneol, Bernstein oder der Honigcalcit. Mit ihrer Energie kann er sich selbst besser kennenlernen und seine Stärken entfalten. Der Karneol zeigt dem realitätsnahen Stier mehr Spontanität, sodass nicht nur die rationale Seite, sondern auch die gefühlvolle Seite mehr gelebt wird.

Zwillinge besitzen einen wachen und flexiblen Geist, der durch die Kraft von goldenen Edelsteinen besonders gefördert werden kann. Hierzu passen der Goldtopas, Pyrit und Chalcedon. Sie verhelfen dem Zwilling zu mehr Kreativität, Entscheidungs- und Unterscheidungsfähigkeit.

Der **Krebs** gilt als sehr in sich gekehrter, sensibler und emotionaler Mensch. Heilsteine wie der gelbe Jaspis, Turmalinquarz oder Ammonit helfen ihm dabei, die Qualität dieser Eigenschaften zu erkennen.

Im **Löwen** Geborene strahlen oft mit Selbstbewusstsein und sind von ihren eigenen Fähigkeiten überzeugt. Sie zeigen sich anderen gegenüber sehr großzügig und lieben es, sich kreativ auszudrücken. Strahlend gelbe Edelsteine können den Löwen in diesen Stärken noch zusätzlich bekräftigen. Passende Heilsteine wären daher der gelbe Orthoklas, der Citrin oder der gelbe Turmalin. Sie helfen dem Löwen dabei, seine Persönlichkeit, seine Kraft und seinen Mut verantwortungsvoll auszuleben und nicht überheblich zu wirken.

Die oft sehr strukturierte und besonnene **Jungfrau** wird besonders gut durch gelbgrüne Edelsteine unterstützt. Die Jungfrau erhält neue Kraft und Zuversicht durch Chrysoberyll, während Jade sie eher beruhigt. Der Heilstein Serpentin spendet diesem Sternzeichen Optimismus und Schwung.

Wenn man an das Sternzeichen **Waage** denkt, stehen sofort die Wörter Harmonie, Ausgeglichenheit und Gerechtigkeit im Raum. Der Peridot, grüne Jade oder der Smaragd wirken auf das energetische Herz (Herzchakra) und fördern so den Gerechtigkeitssinn und das Bedürfnis nach Harmonie der Waage.

Der **Skorpion** beschäftigt sich gerne mit tiefschürfenden philosophischen Fragen über Leben und Tod. Da ist es wichtig, den Optimismus nicht zu verlieren und diese tiefen Gedankengänge mit etwas mehr Leichtigkeit auszubalancieren. Hierbei helfen dem Skorpion Malachit, Türkis oder Amazonit. Sie steigern die Konzentration und Wahrnehmungsfähigkeit dieses Tierkreiszeichens. Der Türkis unterstützt beim Blick nach innen, während der Amazonit dabei hilft, innere und äußere Widerstände zu überwinden.

Schützen begeistern sich besonders für Geisteswissenschaften, wie z. B. Psychologie. Heilsteine, die dem Element Feuer zugeordnet sind, helfen ihm besonders auf seinem Weg durchs Leben. Hellblaue Edelsteine wie der Larimar, Zeiringit, Chalcedon, Tansanit oder Sodalith fördern die Offenheit gegenüber seinen Mitmenschen. Auch neue Herausforderungen kann er mit der Energie dieser Steine leichter annehmen.

Der selbstbewusste **Steinbock** profitiert als besonders klar denkender Mensch (Stirnchakra) von violetten, transparenten oder schwarzen Heilsteinen. Der Amethyst hilft dem Steinbock, die Konzentration zu stärken, während der Bergkristall die Wahrnehmung fördert und ein besonderer Heilstein, der schwarze Rohdiamant, verleiht diesem Sternzeichen Kraft und Mut.

Der **Wassermann** ist eine besonders kreative und individuelle Persönlichkeit. Zur Stärkung seiner Charaktereigenschaften sind lichtblaue Steine hilfreich. Dazu zählt der Labradorit, der dem

Wassermann auch zu mehr Tatendrang verhilft. Aquamarin öffnet den Blick für andere Perspektiven. Geistige Klarheit unterstützt der blaue Topas.

Fische haben eine besonders spirituelle Ader, die durch Heilsteine wie rosa Kunzit, Morganit oder Girasol gefördert werden kann. Einfühlungsvermögen und Empfindsamkeit können durch Rosenquarz gestärkt werden. Morganit hilft den Fischen dabei, nicht von der Erde abzuheben, sondern den Blick für das Wesentliche zu behalten. Ruhe und Gelassenheit bringt die Energie des Heilsteins Girasol.

Konntest du dich in den Eigenschaften deines Sternzeichens wiedererkennen? Lass dich zunächst von der Fülle an Angeboten verschiedener Heilsteine für Tierkreiszeichen nicht abschrecken. Wenn du genau hinspürst oder dich von deinen Sinnen leiten lässt, wird auch hier genau der Stein zu dir kommen wollen, der am besten zu deinem individuellen Charakter passt.

Heilsteine für bestimmte Lebensziele

Wenn du eine bestimmte Eigenschaft in dir stärken willst oder dich in einer Lebenssituation befindest, die energetische Unterstützung benötigt, hilft dir die folgende Aufzählung, den passenden Edelstein dafür zu finden:

Absicht/Ziel/Eigenschaft	Edelsteine
Liebe	Rosenquarz, Rhodonit, Malachit, grüne Jade
Geld	Granat, Iolith, Peridot, grüner Aventurin
Weisheit	Amethyst, Fluorit, Bergkristall
Gesundheit	Karneol, Jaspis, Hämatit
Schutz	Turmalin, Onyx, Obsidian, Achat
Intuition	Fluorit, Citrin, Tigerauge, Amethyst, Saphir

Heilsteine und ihre Farben

Manchmal fühlen wir uns von einer ganz bestimmten Farbe besonders angezogen. Betrachte doch einmal deinen Kleiderschrank und reflektiere darüber, welche Farbe oder Farben du gerade besonders gerne trägst – aber nicht aufgrund eines Modetrends, sondern weil du dich richtig wohl darin fühlst und es deinen Typ unterstreicht. Vielleicht kommt dir auch sofort eine Farbe in den Sinn, die deine Lieblingsfarbe ist. Auch Edelsteine begegnen uns mit ihrer Farbpracht und ziehen dadurch unsere Aufmerksamkeit an. Das kann Aufschluss darüber geben, welche Qualität in deinem Leben gerade eine Stärkung brauchen könnte. Finde in nachfolgender Auflistung die Farbe, die gerade am meisten in dir auslöst, dich anzieht und betrachte die Zusammenhänge. Erkennst du eine Übereinstimmung z. B. mit deiner aktuellen Gefühlslage, dann kann ein Heilstein aus dieser Farbgruppe gerade sehr hilfreich für dich sein.

Farbe	Eigenschaft	Edelsteine
Rot	Ehrgeiz, Beständigkeit, Hitze, anregend	Granat, Jaspis rot, Koralle, Thulit
Orange	Ausgeglichenheit, Blockaden lösend, Optimismus, Lebensfreude	Aprikosenachat, Aventurin orange, Feueropal, Karneol, Sonnenstein
Gelb	kontaktfreudig, Fröhlichkeit, anregend	Bernstein, Brasilianit, Citrin, Jaspis gelb, Orangencalcit, Rutilquarz

Grün	Hoffnung, Neubeginn, innerer Frieden, neue Energie, entgiftend	Amazonit, Aventurin grün, Chromdiopsid, Chrysopras, Dioptas, Heliotrop, Malachit, Moldavit, Moosachat, Nephrit, Prasem, Serafinit, Serpentin, Smaragd, Variscit
Blau	Entspannung, Reinigung, Abwehrkraft	Anhydrit, Apatit, Aquamarin, Chalcedon, Covellin, Disthen, Dumortierit, Lapislazuli, Sodalith
Violett	schlaffördernd, Reinigung, entgiftend	Amethyst, Charoit, Lavendeljade, Lepidolith, Stichtit, Sugilith
Rosa	Selbstliebe, glücklich, Harmonisierung, Herzraum, beruhigend	Andenopal, Kunzit, Morganit, Rhodonit, Rosenquarz
Weiß	Klarheit, Reinigung, entkrampfend	Bergkristall, Howlith, Kascholong, Magnesit, Milchopal, Mondstein, Schneequarz, Selenit, Skolezit
Braun	Ruhe, Harmonie, Sicherheit, Willenskraft, entspannend	Bronzit, Chiastolith, Landschaftsstein, Sarder, Rauchquarz, Tigerauge, versteinertes Holz
Schwarz	Schutz, schmerzlindernd	Aegirin, Augit, Gagat, Lava, Obsidian, Onyx, Schungit, Tektit, Turmalin

Heilsteine bei körperlichen Beschwerden

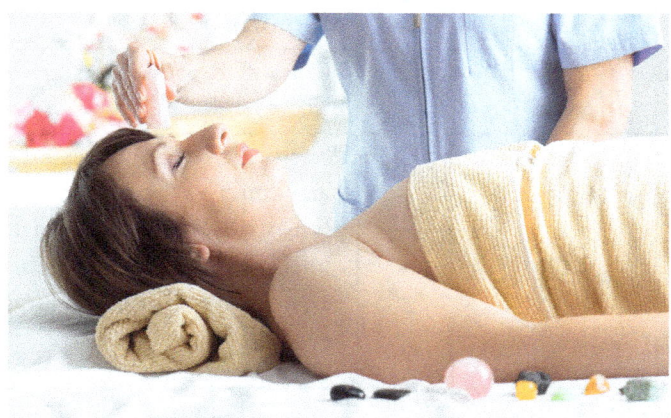

Solltest du körperliche Symptome mit Heilsteinen behandeln wollen, ist darauf hinzuweisen, dass dies stets als begleitende Therapieform geschehen sollte. Krankheitssymptome zu behandeln, gehört in die Hände eines Arztes oder Heilpraktikers. Heilsteine können dich jedoch dabei unterstützen, die eigenen Heilkräfte zu aktivieren und körperliche Funktionen wieder ins Gleichgewicht zu bringen. Empfehlenswert wäre hier, auch einen Therapeuten hinzuzuziehen, der mit der Steinheilkunde vertraut ist. Einige leichte Beschwerden kannst du versuchen, durch Auflegung entsprechender Steine, Edelsteinwasser, Meditation mit ihnen oder nah am Körper getragen zu behandeln. Nachfolgende Auflistung zeigt dir einige gängige Beschwerden und passende Heilsteine dazu auf.

Beschwerden/Symptome	Heilsteine
bestehende Allergien mildern	Aventurin, Bernstein, Chalcedon, Chrysopras, Fluorit, Heliotrop, Landschaftsjaspis
leichte Atemwegsbeschwerden z. B. bei Erkältungen	Bernstein, Chalcedon, Falkenauge, Fluorit, Larimar, Malachit, Obsidian, Onyx, Rutilquarz, Tigerauge, Turmalinquarz, Topas, Türkis

Bauchschmerzen	Bernstein, Jaspis, Malachit, Moosachat
Regulierung des Blutdrucks	Hämatit, Rhodochrosit, Sodalith
Förderung der Durchblutung	Aventurin rot, Blut-Achat, Citrin, Feueropal, roter Granat, Heliotrop, Karneol, Lapislazuli, Rhodochrosit, Rhodonit, Rosenquarz, Rubin, Smaragd, Sonnenstein
entzündungshemmend	Achat, Amethyst, Calcit grün, Chrysokoll, Citrin, Herkimer-Diamant, Lapislazuli, Lavendel-Jade, Malachit, Peridot, Pyrit, Smaragd, Türkis, Zoisit
Beschwerden in den Gelenken	Apatit, roter Granat, Fluorit, weißer Labradorit, Turmalin-Quarz
Halsschmerzen	Aquamarin, Bernstein, Chalcedon, Lapislazuli, Pyrit
Stärkung des Immunsystems	Apatit gelb, Aquamarin, Chrysokoll, Citrin, Erdbeerquarz, Heliotrop, Peridot, Türkis, Unakit
Hilfe bei Insektenstichen	Amethyst, Bergkristall, Chrysopras, Heliotrop, Lapislazuli, Rhodonit
Kopfschmerzen	Achat, Amethyst, Bergkristall, Lapislazuli, Rubin, Saphir, Smaragd, Topas
Stabilisierung des Kreislaufs	Dolomit, Erdbeerquarz, Labradorit, Malachit, Sternrubin, Türkis

Müdigkeit und Erschöpfung	Apatit, Bergkristall, Feueropal, roter Granat, Rhodochrosit, Rubin, Tigereisen
Muskelkrämpfe	Bronzit, Dolomit, Magnesit, Malachit, Rauch-Obsidian
Beruhigung der Nerven	Aragonit, Blau-Quarz, Chrysokoll, Citrin, Fuchsit, Rauchquarz, Saphir-Quarz, versteinertes Holz, Zitronen-Chrysopras, Zoisit
Prellungen	Amazonit, Amethyst, Karneol, Malachit, Rhodonit
leichte Schmerzen im Rücken	Bernstein, Melanit, Pyrit-Sonne, Rauchquarz, Streifen-Achat, Türkis
schlaffördernd	Achat, Amazonit, Amethyst, Aventurin, Chalcedon, Chrysopras, Gold-Topas, Jadeit, Labradorit, Rhodochrosit, Rosenquarz, Smaragd
Sonnenbrand	Amethyst, Aquamarin, Aventurin, Bergkristall, Lapislazuli, Magnetit
Übelkeit	Calcit, Howlith, Jadeit, Malachit
Regulation der Verdauung	Aragonit braun, Citrin, Jaspis rotbraun, Moosachat, Pyrit, Saphir, Rubin, Tigerauge, Turmalinquarz, Unakit

Schritt 2: Erste Erfahrungen mit den Heilsteinen sammeln

Nun hast du bereits die wichtigsten Heilsteine kennengelernt und vielleicht zieht es dich auch schon „magisch" zu bestimmten von ihnen hin. Um erste Erfahrungen mit ihnen sammeln zu können, ist es wichtig, sie erst einmal genauer kennenzulernen und ihre ganz individuelle Signatur zu verstehen. Denn schließlich möchten sie dem Menschen, der sie ausgewählt hat, ganz bestimmte Informationen und Energien übermitteln. Vielleicht entdeckst du beim Lesen der ausführlichen Beschreibungen noch mehr, welche Steine dich besonders ansprechen. Da Heilsteine zu bestimmten Zeiten in dein Leben treten, um dich in speziellen Situationen oder auf einem bestimmten Heilungsweg unterstützen möchten, wäre es auch schön, wenn du dir eine kleine Sammlung der zehn wichtigsten Heilsteine zulegst. Du könntest z. B. von jedem einen kleinen Trommelstein erwerben und die zehn Steine dann in einer schönen Schmuckschatulle oder einem Stoffsäckchen aufbewahren. Wenn du dann das Gefühl hast, die Unterstützung einer bestimmten Steinenergie zu benötigen, kannst du sie vor dich hinlegen und – wie im vorherigen Kapitel bereits erläutert – jenen Stein intuitiv erspüren, der gerade passend für dich ist. Manchmal ist es auch interessant, „blind" einen Stein zu wählen, um Themen aufzudecken, die vielleicht gerade nicht bewusst sind, aber eigentlich mehr Aufmerksamkeit in deinem Leben bräuchten. Wenn du dich anschließend intensiver mit diesem Heilstein auseinandergesetzt hast, kannst du entscheiden, ob du weitere Heilsteine dieser Art in deinen Alltag integrieren möchtest, z. B. als Rohstein zum Aufstellen, als Schmuck oder als Anreicherung für Edelsteinwasser. Über diese Anwendungsmöglichkeiten wirst du im anschließenden Kapitel noch mehr erfahren. Doch nun möchten sich die einzelnen Heilsteine noch genauer vorstellen und dir die Möglichkeit geben, sie besser kennenzulernen und ihre innewohnende Energie spüren zu können.

Rosenquarz

Der Rosenquarz ist eine Quarzart, die sehr oft vorkommt und vor allem in Ländern wie Madagaskar, Brasilien und Namibia abgebaut wird. Er ist der Stein der Liebe und der Fruchtbarkeit. Allein schon wegen seiner zarten Farbe, die an eine Rose erinnert, strahlt er diese Energie der Liebe und Romantik aus. Auch seinen Namen erhielt dieser Heilstein aufgrund seiner Erscheinung. Alten Erzählungen der römischen und griechischen Mythologie nach soll der Gott der Liebe (Eros/Amor) höchstpersönlich diesen besonderen Heilstein auf die Erde gebracht haben, um den Menschen das Geschenk der Liebe zu machen. So ist es nicht verwunderlich, dass Rosenquarz ein besonders wichtiger Heilstein ist, wenn es um Herzensangelegenheiten geht. Er erweckt die Romantik und Sensibilität für die Liebe, zeigt die tiefsten Wünsche und Sehnsüchte auf und öffnet das Herz, um Liebe empfangen und geben zu können. Diese Energien unterstützen in der Anfangsphase des Verliebtseins, in bestehenden Partnerschaften, aber auch bei Beziehungsängsten. Der Rosenquarz möchte dabei helfen, das Vertrauen in die Liebe und in die eigene Liebeskraft zu stärken. Bei Kinderwunsch wird dem Rosenquarz nachgesagt, dass er die Fruchtbarkeit erhöht. Im Laufe des Lebens können Blockaden durch Traumata entstanden sein, die eine Verbindung zu sich selbst (Selbstliebe) und anderen Menschen erschweren. So kann die Schwingung des Rosenquarzes auch bei einer Trennung helfen, um den Partner in Liebe loslassen zu können und wieder offen zu werden für neue Wege. Dieser

Heilstein bringt mehr Ruhe und Harmonie in das (Liebes-)Leben. Das Schöne beim Rosenquarz ist, dass er dies sehr sanft, sensibel und behutsam macht.

Wenn du nun mit einem Rosenquarz arbeiten möchtest, kannst du z. B. damit beginnen, ihn in einem Raum aufzustellen, wo du die Liebesenergie bzw. Qualität zwischenmenschlicher Beziehungen erhöhen und verbessern möchtest. Dies hilft nicht nur in Liebesdingen, sondern vermindert auch die allgemeine Strahlenbelastung in diesem Raum. Aufgrund seiner Sanftheit kannst du ihn auch auf der Haut tragen, unter das Kopfkissen legen oder als Wasserstein benutzen. Rosenquarz harmoniert auch sehr schön mit anderen Heilsteinen, wie z. B. Bergkristall, Amethyst, Rubin und Rhodochrosit. Einmal in der Woche kannst du deinen Stein in lauwarmem Wasser reinigen und danach auf oder in die Nähe eines Bergkristalls legen. So ist dein Heilstein frisch gereinigt und aufgeladen, um dich wieder eine Woche lang zu unterstützen. Solltest du den Rosenquarz als ein Schmuckstück tragen, das schwer mit Wasser zu reinigen ist, kannst du es auch auf mehrere Hämatit-Trommelsteine legen. Diese haben ebenfalls eine reinigende Wirkung.

Wenn du deinen Rosenquarzstein noch näher kennenlernen willst, nimm ihn in deine Hände und schließe die Augen. Schenke ihm deine volle Aufmerksamkeit und beobachte, welche Bilder und Botschaften jetzt vielleicht auftauchen möchten. Vielleicht erhältst du erste Hinweise auf seelische Themen, die du nun genauer betrachten solltest. Oder er sendet dir Gefühle der Liebe und Harmonie, mit denen du dich aufladen darfst.

Bergkristall

Der vielen Menschen bekannte Bergkristall, ein kristalliner Quarz, kann weltweit gefunden werden u. a. in Brasilien, Mexiko, Indien, China, Russland, aber auch in der Schweiz und Österreich. Er ist so klar wie das Wasser und erinnert an gefrorenes Eis im Winter, das das Licht der Sonnenstrahlen einfängt und ihn erstrahlen lässt. Der Bergkristall ist der Stein der Klarheit und Vitalität. Dieser wunderschöne Heilstein zählt zu den wichtigsten Edelsteinen in der Heilsteinkunde, da er Energien besonders kräftig verstärkt und Schwingungen erhöht. In vielen Kulturen wurde seine Besonderheit erkannt, weshalb er als wichtigster Ritual- und Zeremonienstein gilt. Man sprach ihm die Kraft zu, Lebewesen und Gegenstände von negativen Energien befreien zu können. Selbst Flüche, Schwüre, Verwünschungen und schwarze Magie soll er abwehren bzw. auflösen können. In spirituell-religiösen Kreisen gilt der Bergkristall bis heute als der Stein der Bewusstseinserweiterung, der dabei helfen soll, sich mit höheren Energien und anderen Welten verbinden zu können. Auch Hildegard von Bingen schwor auf die Heilkraft des Bergkristalls und setzte ihn gegen Herz- und Magenbeschwerden sowie gegen Geschwüre ein. Da er so vielseitig einsetzbar ist, ist der Bergkristall wohl der bedeutendste Heilstein schlechthin. Er kommt zum Einsatz, wenn die Gedanken permanent kreisen und Chaos im Kopf herrscht, was sich auch in äußeren Lebensumständen zeigen kann. Damit wieder Ordnung entstehen kann, braucht es zunächst eine Beruhigung des Energiesystems. Erst wenn Körper, Geist und Seele wieder in Harmonie ausgerichtet sind, beginnt eine neue Ausrichtung und Fokussierung.

Wenn du also gerade am Weg bist, dich selbst besser kennenzulernen oder dich spirituell weiterzuentwickeln, ist der Bergkristall ein perfekter Begleiter. Da er ein sehr guter Informationsspeicher ist, kann er zur Reinigung deines Energiefeldes, deiner Aura, eingesetzt oder auch aufgeladen werden mit Schwingungen, die du gerade besonders benötigst. Da er für Ordnung und Klarheit sorgt, ist er auch ein guter Heilstein für dich, solltest du deine Konzentration und Gedächtnisleistung anheben wollen. Deine Wahrnehmung wird geschärft und deine Intuition gestärkt. Da dieser Heilstein besonders kräftig ist, musst du ihn nur alle zwei Wochen energetisch reinigen und aufladen, sollte er z. B. in deinem Raum stehen oder als Anhänger getragen werden. Nach konkreten Reinigungsritualen der Aura ist es aber angeraten, ihn sofort nach der Anwendung unter fließendes warmes Wasser zu halten bzw. Hämatit-Steine zu verwenden. Nur so hat er anschließend wieder genug Kapazität für seine Heilfunktionen frei.

Wenn du mit einem Bergkristall arbeiten möchtest, sind die Form und Größe tatsächlich entscheidend. Hier gilt: je größer, desto kräftiger. In seiner rohen, ungeschliffenen Form trägt der Bergkristall vor allem die Informationen Wärme, Energie, Antrieb und Lebensfreude in sich, in der TCM als männliche Yang-Energie bekannt. Als geschliffener Stein strahlt er die weibliche Yin-Energie aus, die sich eher nach innen richtet, die Stille und Dunkelheit. Um herauszufinden, welche dieser Energien bei dir gerade eher gestärkt werden sollten, kann dir die folgende Tabelle helfen, eine Einschätzung zu treffen:

Yang-Mangel	Yin-Mangel
- kalte Hände und Füße	- Hitzewallungen
- ständiges Kältegefühl	- Nachtschweiß
- Rückenschmerzen	- trockene Haare, Nägel und Haut
- Erschöpfung	
- Lustlosigkeit	- rissige Lippen
- Appetitlosigkeit	- trockener Hals
- Durchfall	- Schlafstörungen
- Menstruationsbeschwerden	- intensive Träume
	- Durst
- verminderte Libido	- Verstopfung
- Wassereinlagerungen	- Abmagerung
- depressive Verstimmungen	- Schwindel
	- Kopfschmerzen
- Bedürfnis nach warmem Essen und Getränken	- Haarausfall
	- innere Unruhe und Anspannung
	- Nervosität
	- Gereiztheit

Im Heilsteinhandel findest du den Bergkristall auch oft als Kristallspitze, die am Körper getragen unterschiedlichen Wirkungen für dich entfalten kann. Direkt auf deiner Haut aufliegend lädt er dich mit seinen Schwingungen auf. Trägst du ihn als Anhänger über der Kleidung, fungiert er als Schutzstein, wenn du ihn auf Höhe deines Solarplexus trägst. Die Spitze des Bergkristalls sollte dabei stets nach unten zeigen, damit du dich gut geerdet fühlen kannst.

Auch wenn du gerade nicht direkt mit dem Bergkristall als Heilstein arbeiten möchtest, rentiert sich eine Anschaffung immer. Denn er hilft, die Energie anderer Steine zu erhöhen, reinigt sie und gibt ihnen Energie zurück. Dieser wunderschöne Kristall ist perfekt dafür geeignet, Edelsteinwasser herzustellen, das du täglich trinken kannst. Im nächsten Kapitel erfährst du ausführlich, was du bei Edelsteinwasser beachten solltest. Zum Meditieren eignet sich der

Bergkristall besonders gut, da er deinen Geist klären kann, wie es ja auch bei einer Meditation die Zielsetzung ist, die Gedanken zu beruhigen. Nutze ihn daher gerne, um einige Momente in Stille mit ihm in der Hand zu sitzen und all die aufkommenden Gedanken vorüberziehen zu lassen. Genieße die Ruhe, die nun einkehren möchte, und entspanne anschließend noch kurz im Liegen, damit sich diese Schwingungen in deinem ganzen Körpersystem ausbreiten dürfen.

Amethyst

Der lilafarbene Amethyst steht für inneren Frieden und Reinigung von Körper, Geist und Seele. Auch er zählt zur Familie der Quarze. Dieser besondere Kristall wird vor allem in Australien und Österreich abgebaut. Man findet ihn auch in Ländern wie Brasilien, Mexiko, Uruguay, Sambia, Namibia, Sri Lanka sowie Madagaskar. Seine besondere, leuchtend violette Farbe sticht einem sofort ins Auge. Schon in der Antike galt er als ein wichtiger Schutzstein, der vor Verzauberung und schlechten Gedanken anderer schützen sollte. Besonders interessant ist die Herkunft seines Namens aus dem Griechischen „amethyein", was so viel bedeutet wie „nicht betrunken". Der Amethyst besitzt nämlich die Eigenschaft, die Entgiftung des menschlichen Organismus zu unterstützen, sodass er bereits früher vor zu großen Katerproblemen einer durchzechten Nacht helfen sollte. Diese reinigende Wirkung wurde bei Hildegard von Bingen genutzt, um unreine Haut zu behandeln. Doch er reinigt nicht nur den Körper, sondern auch den Geist, weswegen er unterstützend wirken kann, wenn z. B. große Entscheidungen anstehen. Dann verhilft er zu mehr Objektivität, Konzentration und besserer Wahrnehmungsfähigkeit. Mehr innere Ruhe und Gelassenheit können sich mithilfe des Amethysts einstellen, negative Gedanken und Blockaden lösen sich auf, sodass mehr Raum ist für Fantasie und Kreativität.

Der Amethyst ist also dann ein guter Heilstein für dich, wenn du nach einer reinigenden Unterstützung für Körper und Geist suchst. Auch kann er dir in Lebenssituationen helfen, in denen wichtige Entscheidungen anstehen, die deinen weiteren Weg verändern und prägen werden. Es gibt wunderschöne Amethystdrusen, die in Räumen aufgestellt zu mehr Harmonie verhelfen und die Raumenergie reinigen. Du kannst deinen Amethyst einmal monatlich oder direkt nach einer speziellen Anwendung unter fließendem, warmem Wasser reinigen oder die Hämatit-Trommelsteine zu Hilfe nehmen. Zur Aufladung von Heilsteinen wird oft auch Mond- oder Sonnenlicht verwendet. Beim Amethyst solltest du das Sonnenlicht jedoch vermeiden, da die UV-Strahlung seine Farbe verändern kann. Aufgrund seiner reinigenden Wirkung wird er gerne als Wasserstein, auch in Kombination mit Bergkristall und Rosenquarz verwendet. Du kannst, für einen ersten Kontakt mit dem Amethyst, ein Edelsteinwasser nur mit ihm herstellen und eine kleine Reinigungskur für deinen Körper und Geist vollziehen. Auch deine Haut kannst du mit diesem Wasser besprühen oder betupfen, wenn sie zu Unreinheiten neigt. Für diese Reinigungskur trinkst du jeden Morgen auf nüchternen Magen ein bis zwei Gläser Amethystedelsteinwasser und beobachte danach, was körperlich und mental geschieht. Mache dies zunächst nicht länger als eine Woche und pausiere danach mehrere Tage. Natürlich kannst du auch als ersten Kontakt eine kleine Meditation mit dem Amethyst machen, indem du ihn für einige Zeit in Stille betrachtest. Lass seine Farbe und wunderschöne Kristallstruktur auf dich wirken. Vielleicht kannst du jetzt schon seinen vertrauensvollen und friedlichen Charakter wahrnehmen und auch in dir spüren.

Rauchquarz

Brauchst du in einer Situation Nerven wie Drahtseile? Dann ist der Rauchquarz vielleicht ein wichtiger Heilstein für dich. Dieser Stein aus der Familie der Quarze, der vor allem in Brasilien, Australien, Pakistan und Russland abgebaut wird, zeigt eine rauchbraune Färbung, die ihm auch seinen Namen verlieh. Obwohl dieser bräunliche Kristall visuell eher sanft und ruhig erscheint, enthält er eine starke energetische Fähigkeit, die Lebenskraft zu stärken, um schwierige Situationen wie z. B. Trauer oder Depression zu meistern. Oft sieht man in solchen Situationen zunächst nicht, wie es im Leben nun weitergehen soll. Hier möchte der Rauchquarz Impulse geben, genauer hinzusehen und die Augen zu öffnen für Chancen, die vor einem liegen können. Der Rauchquarz ist auch ein hervorragender Schutzstein und wehrt dunkle Energien und ungesunde Strahlungen ab. Er bringt zunehmend Ruhe und Gelassenheit, sodass er nach besonders stressigen Lebensphasen eingesetzt werden kann, um wieder zu entspannen und neue Kraft zu finden.

Wenn dich der Rauchquarz mit seiner Energie anspricht, um wieder Kraft zu tanken und deine Nerven zu stärken, kannst du eine heilsame Meditation mit ihm machen, denn er gehört zu den wichtigsten Meditationssteinen. Er möchte dir helfen, dich wieder zu erden und mit mehr Leichtigkeit in einen meditativen Zustand zu versinken. Halte dafür in jeder Hand einen Rauchquarz, vorzugsweise als Rohstein, und visualisiere innerlich, wie der Stein dir dabei hilft, ein schützendes energetisches Feld um dich herum aufzubauen, in welchem du deine Lebensenergie anschließend aufladen kannst. Wenn Gedanken kommen, lässt du sie sanft weiterziehen und konzentrierst dich wieder auf deine Steine in den Händen. Nach jeder speziellen Behandlung, jedoch mindestens einmal im Monat, sollte auch dieser Heilstein unter lauwarmem Wasser gereinigt werden. Ein Bergkristall hilft anschließend, ihn über Nacht wieder zu energetisieren.

Jade

Einer der wohl ältesten Heilsteine ist die Jade. Damit Jade in der Natur entstehen konnte, brauchte es extremen Druck und sehr hohe Temperaturen. Es gibt diesen Stein in verschiedenen Farbgebungen, die durch die Beimischung von entweder Chrom (grünlich), Eisen (rotbraun) oder Mangan (violett) entstanden sind. Man findet Jade vor allem in China, aber auch Länder wie Mexiko, Neuseeland, Kanada und Russland weisen Bestände auf. Seinen Namen erhielt er aber in Mittelamerika, wo er „piedra de ijada" genannt wurde, was so viel bedeutet wie Flankenstein oder Nierenstein. Dies kam daher, da er dort als Heilmittel bei Nierenkrankheiten eingesetzt wurde. Mit der Zeit wurde daraus im 17. Jahrhundert der Steinname Jade. In fast allen Kulturen der Welt spielte er eine bedeutende Rolle, nicht nur als Heilstein, sondern auch in der Kunst, Philosophie und Mythologie. Ein Stein so hart und zäh, dass er sich nur durch einen Diamanten schleifen ließ. So entstand ein wahres Kunsthandwerk, das diesem faszinierenden Stein verschiedenste Formen geben sollte. Es ist überliefert, dass Jade auch als ein Symbol für die fünf Haupttugenden Weisheit, Gerechtigkeit, Bescheidenheit, Barmherzigkeit sowie Mut angesehen wurde. In der chinesischen Kultur spielt die Jade bis heute eine große Rolle. Im Yin-Yang-System stellt sie das weibliche Element dar und repräsentiert die Schönheit der Natur. So ist der Jadestein bis heute ein wichtiger Glücksbringer.

Ein Jadestein in der Nähe des Bettes, unter dem Kopfkissen oder aufgelegt auf die Stirn, kann für einen erholsamen und tiefen Schlaf sorgen und die Fähigkeit verleihen, Träume bewusster wahrzunehmen sowie deuten zu können. Doch seine Hauptenergie liegt vor allem darin, Harmonie und Gleichgewicht herzustellen, vor allem auf seelischer Ebene. Gleichzeitig stärkt er die Lust auf das Leben und die Freude, aber auch die Ruhe und Introspektive. Die Sinne kommen immer mehr in Balance. Ein Heilstein wie die Jade ist besonders hilfreich auf dem Weg der Selbsterkenntnis und spirituellen Weiterentwicklung. Wie bereits erwähnt, fördert er positive Tugenden, die für die individuelle, aber auch für die menschliche Entwicklung generell wichtig sind. Er möchte die Augen öffnen für mehr Gerechtigkeit und ein liebevolles Miteinander in der Welt.

Wenn dich die Jade anspricht, weil du womöglich mutiger durchs Leben schreiten möchtest, deine Tugenden stärken willst oder auch körperlich an einer Erkrankung der Niere leidest, ist es an der Zeit, diesen sanften Heilstein näher kennenzulernen. Besonders wirkungsvoll zeigt sich die Jade, wenn du sie direkt auf die Haut auflegst. Bei Nierenproblemen kannst du z. B. Steine dort auflegen oder mit einem Heftpflaster anbringen, um sie über einen längeren Zeitraum tragen zu können. Zur Nierenreinigung kann auch ein Edelsteinwasser mit Jade angesetzt oder der Stein sogar als Tee gekocht werden. Dafür wird das Jadewasser erhitzt, die Jade selbst sollte nicht mit heißem Wasser in Berührung kommen. Sehr wohltuend und stressreduzierend ist das Auflegen auf der Stirn.

Hier kannst du vollkommen entspannen und loslassen, während der Heilstein seine wohltuende Strahlung auf dich überträgt. Wie immer gilt es, deinen Jadestein mit lauwarmem Wasser zu reinigen. Direkte Sonneneinstrahlung mag die Jade nicht, daher kannst du sie am besten über Nacht in eine Amethystdruse legen, wo sie wieder ihre volle Kraft und ihr Potenzial entfalten kann.

Citrin

Wie der Name schon verrät, zeigt sich der Citrin in einer fröhlichen, gelben Farbe und bedeutet daher auch „Zitrone". Das war in vergangenen Zeiten keine Seltenheit, nannte man doch viele Steine Zitrone, die eine gelbe Farbnuance aufwiesen. Dieses strahlende Gelb brachte ihm auch die Bezeichnung als Sonnenstein oder Lichtstein ein. Zudem glaubte man im Mittelalter, dass dieser Stein das Leben auf ewig verlängern würde. Natürlicher Citrin kommt in der Natur eher selten vor. Hauptsächlich findet man ihn heute noch in Brasilien. Er entstand durch sehr hohen Druck und hohe Temperatur. Dabei gab es Einschlüsse von Mangan und Titan, welche die zitronengelbe Farbe verursachten. Da Citrin so selten vorkommt, wird dieser Heilstein oft gefälscht.

Wenn die Stimmung so richtig im Keller ist, oder die kalten und grauen Wintertage Auswirkungen auf die Lebensfreude zeigen, kann Citrin als Heilstein Licht ins Dunkle bringen. Depressive Verstimmungen, Stress und Kummer sollen sich mit seiner Hilfe auflösen, sodass positive Gefühle und Eigenschaften wieder freigelegt werden. Man schöpft Selbstvertrauen und entdeckt neue Wege und vielleicht auch völlig neue Seiten an sich selbst. Denn Citrin ist dafür bekannt, die eigene Individualität zu stärken und zum Vorschein zu bringen. Steht ein neues Projekt an, z. B. in der Schule oder Arbeit, unterstützt Citrin dabei, entschlossen und energetisch an die Sache heranzugehen.

Möchtest du also ein bisschen mehr Pep und Spritzigkeit in dein Leben bringen, wieder mehr Freude und Leichtigkeit spüren, dann findet der Heilstein Citrin den Weg zu dir. Auch er ist geeignet für die Herstellung von Edelsteinwasser, zur Meditation und als Schmuck getragen auf der Haut. Zu beachten ist bei diesem Stein jedoch, dass er sich, ganz im Gegensatz zu anderen Steinen, nicht besonders gut mit dem Bergkristall versteht. Daher sollten sie nicht kombiniert werden. Wenn du deinen Citrin in der Hand hältst und die Augen schließt, hast du die Möglichkeit, all deinen Kummer, Enttäuschungen und negative Erfahrungen an ihn abzugeben und sonnige Energie in dein Herz zu lassen. Lass dich anstecken von seiner ausstrahlenden Lebenslust. Nach jeder Anwendung wird der Citrin mit warmem Wasser oder Hämatit gereinigt und anschließend mit der Hilfe eines Amethysts aufgeladen.

Turmalin

Der Turmalin ist ein besonders interessanter Heilstein, denn er bildete sich aus verschiedenen Kristallen, die aber strukturell gleich sind. Daher gibt es viele verschiedene Varianten und Färbungen des Turmalins, je nach chemischer Zusammensetzung. So kam er auch zu seinem Namen, der aus dem Singhalesischen übersetzt bedeutet „verschiedenartiger Stein". Zu finden ist er z. B. in Afghanistan, Brasilien, Pakistan und Südafrika. Aufgrund seiner Vielseitigkeit, was die Farbgebung angeht, wurde der Turmalin in der Vergangenheit oft mit anderen Steinen wie dem Rubin oder Smaragd verwechselt. Das Besondere an diesem Heilstein ist dessen Farbgebung, die je nach Betrachtungswinkel variieren kann. Das macht ihn auch zu einem besonders schönen und beliebten Schmuckstein. Die Leuchtkraft des Turmalins verleiht ihm die Energie von Lebendigkeit und Stärkung. Gleichzeitig bewirkt er eine Harmonie und Klarheit, die in allen Lebenssituationen helfen kann. Besonders wichtig in der Heilsteinkunde ist der tiefschwarze Turmalin, auch genannt Schörl, der als der stärkste Schutzstein gegen negative Energien gilt.

Die Schutzwirkung des schwarzen Turmalins ist unübertroffen, weshalb du ihn besonders dann in dein Leben integrieren solltest, wenn du dich in deinem Umfeld nicht so wohlfühlst, sensibel auf die Energien anderer Menschen reagierst und allgemein z. B. beruflich viel Kontakt zu unterschiedlichen Menschen pflegen musst. Dafür besorgst du dir am besten einen Anhänger oder eine Kette, die dir helfen wird, deinen energetischen Schutz aufrechtzuerhalten. Die Reinigung und Aufladung des Steins erfolgen dann mindestens einmal im Monat unter fließendem Wasser, mit Hämatitsteinen und anschließender Aufladestation eines Amethysts. Da es sich bei dem Turmalin um einen energetisch sehr kräftigen Stein handelt, solltest du ihn langsam kennenlernen und in dein Leben einschleichen lassen. Das kann bedeuten, dass du ihn vor dem Tragen mit direktem Hautkontakt erst einmal in deinem Raum hast, ihn öfter in die Hand nimmst und seine Energie erspürst oder auch kleine Meditationen mit ihm durchführst.

Tigerauge

Das Tigerauge findet man sehr häufig in der Natur. Vor allem wird dieser Heilstein in Südafrika abgebaut, aber auch in Australien, Indien und China. Er gehört zur Familie der Quarze und entsteht aus der Verwitterung eines Falkenauges. Der Unterschied zeigt sich vor allem in der Farbgebung. Während das Falkenauge eher bläulich, grünlich oder gräulich schimmert, entsteht aus ihm durch den Verwitterungsprozess das für das Tigerauge bekannte Farbschema goldbraun bis rotbraun. Manchmal kommt es sogar vor, dass beide Steinarten in einem einzelnen Stein vorkommen. Wer den gelbbraunen Heilstein Tigerauge schon einmal genau betrachtet hat, merkt schnell, warum er diesen Namen trägt. Im Licht schimmert er wie das Auge einer Katze, des kleinen Haustigers. Doch weist er tatsächlich Ähnlichkeiten mit einem Tigerauge auf. Wenn wir einen Tiger betrachten oder ihn uns vorstellen, kommen einem sofort Wörter wie Kraft, Mut und Stärke in den Sinn. Das Tigerauge betrachtet Situationen aus einer gewissen Distanz, was manchmal sehr hilfreich sein kann, um passende Handlungen vornehmen und Entscheidungen treffen zu können.

Hast du das Gefühl, dass du die Eigenschaften eines Tigers gut in deinem Leben gebrauchen kannst? Dieser Heilstein will dir dabei helfen, deine Ängste und Unsicherheiten zu überwinden. Konzentriert und mutig stellst du dich den Belastungen des Alltags, die dich durch die Energie des Tigerauges weniger beeinflussen werden. Vielleicht wünschst du dir, eine andere Perspektive auf dein Leben oder eine bestimmte Situation einnehmen zu können. Blicke darauf aus dem Auge eines Tigers, mit neuer Kraft, Selbstbewusstsein und Anmut.

Heilsteine Komplett-Anleitung

Das Tigerauge zeigt sich besonders schön als Schmuckstein, den du jedoch, aufgrund seiner starken Energie, nicht länger als eine Woche am Körper tragen solltest. Danach brauchen dein Körper und dein Energiesystem eine Pause. Wichtig zu wissen ist, dass du mit dem Tigerauge kein Edelsteinwasser herstellen solltest, bei dem er direkten Wasserkontakt hat, denn er ist von Natur aus mit Asbest belastet. Es gibt aber andere Wege, wie du seine Energie trotzdem auf das Wasser übertragen kannst. Diese erfährst du im anschließenden Kapitel. Das Tigerauge liebt es, in der Sonne aufgeladen zu werden, hier entfaltet es immer wieder seine volle Kraft. Eine Reinigung unter fließendem Wasser ist unbedenklich. Eine schöne Möglichkeit, sich mit der Schwingung des Tigerauges zu verbinden, wäre auch eine Meditation in einem Steinkreis, in dem das Tigerauge integriert ist. Dabei sitzt du in der Mitte und lädst dich in Ruhe und Stille mit jener magischen Kraft auf.

Aventurin

Wenn ein Stein puren Optimismus ausstrahlt, dann ist es der Aventurin. Daher trägt er auch seinen Namen „a ventura", was aus dem Italienisch übersetzt bedeutet „auf gut Glück". Seine leuchtend grüne Farbe mutet tatsächlich an wie das Grün eines Glückskleeblattes. Bereits die alten Griechen spürten diese Energie des Aventurins, die eine positive Sichtweise und mutiges Voranschreiten in sich trägt. Dieser Heilstein gehört zur Familie der Quarze und kann in verschiedenen Farben vorkommen. So gibt es den Aventurin auch als blauen Quarz aufgrund von Rutileinlagerungen, oder in Rot aufgrund von Hämatit. Charakteristisch für ihn sind winzige Mineralplättchen, die er eingeschlossen hat und die im Sonnenlicht besonders schön schillern. Dies wird auch als „aventurisieren" bezeichnet. Zu finden ist dieser schöne Heilstein vor allem in Brasilien, Südafrika und Indien.

Wenn dich der Aventurin anspricht, möchte er dir dabei helfen, die Vergangenheit zu verarbeiten und loszulassen. Alte Ängste und Enttäuschungen der Kindheit dürfen nun bereinigt werden. Du hast ein Recht darauf, in deinem Leben glücklich zu sein, woran dich dieser Heilstein mit seiner Energie wieder erinnert. Auch wenn es Ereignisse im Leben gab, die dich kraft- und mutlos zurückließen, liegt es stets in deiner Hand, deine Zukunft positiv zu gestalten. Bereits entstandene seelische Wunden dürfen heilen, aber auch als Weisheiten und Ratgeber für die Zukunft dienen. Der Aventurin hilft dir dabei, deine Persönlichkeit und Individualität zu erkennen und dich selbst und das Leben nicht zu ernst zu nehmen. Er harmonisiert dein energetisches System für mehr Leichtigkeit und Freude im Leben.

Besonders schön sind Meditationen mit diesem Heilstein, weil du ihm direkt deine Ängste und Sorgen übertragen darfst, während du seine gelassene Heiterkeit und seinen Optimismus in dich aufnimmst. Halte ihn in der Hand und betrachte seine leuchtend grüne Farbe.

Wie ein Glückskleeblatt ist er zu dir gekommen, um dich nun auf deinem weiteren Lebensweg zu begleiten. Mindestens einmal pro Monat solltest du deinen Aventurin unter fließendem Wasser reinigen. Damit er sich wieder auflädt, kannst du ihn in die Sonne legen. Vor allem die ersten Sonnenstrahlen am Morgen, aber auch die Strahlen der sanften Abendröte enthalten eine starke Energie.

Mondstein

Ein besonders schöner und wirksamer Stein für die Frau ist der Mondstein. Dieser leicht weiß-bläulich schimmernde Heilstein erinnert an die Kraft des Mondes, was ihm auch seinen Namen verlieh. Ähnlich wie das Tigerauge changiert er besonders schön in geschliffenem Zustand. Er kommt sehr häufig vor und wird vor allem in Ländern wie Sri Lanka, Australien, Brasilien und Indien abgebaut. Für Frauen ist dieser Heilstein besonders zu empfehlen, da er unterstützend während des gesamten Menstruationszyklus wirkt. Er lässt die Schönheit jeder einzelnen Frau zur Geltung kommen und erstrahlen. Wie auch der Rosenquarz fördert und verstärkt er die Liebe zu anderen und zu sich selbst und kann sich daher als besonders hilfreich erweisen, die Liebe und Akzeptanz gegenüber dem weiblichen Körper zu begünstigen. Allgemein ist es ein sehr ausgleichender und harmonisierender Heilstein für den weiblichen Organismus.

Wie sehr lebst du deine weibliche Seite? Der Mondstein ist an deiner Seite, wenn du deine Weiblichkeit mehr zum Ausdruck bringen möchtest. Er spendet dir Lebenskraft, gelassene Heiterkeit und fördert den Kontakt zu deiner Intuition. Wenn du deine Gefühle besser verstehen und spüren möchtest, begleitet er dich sanft dabei. So ist es auch seine Aufgabe, dir ebenfalls die Gefühle anderer näherzubringen sowie dein Einfühlungsvermögen und deine Empathie zu stärken.

Der Mondstein ist energetisch sehr kräftig und strahlt besonders intensiv. Seine gespeicherten Informationen nimmst du vor allem auf, wenn du ihn dauerhaft, z. B. als Anhänger, trägst und Entspannungsphasen einlegst, bei denen du einen Mondstein auf Herz und Stirn legst. Auch innerlich angewandt als Edelsteinwasser, möchte dich der Mondstein in deinem Monatszyklus begleiten und diesen harmonisieren. Nach den Anwendungen helfen Hämatit-Trommelsteine, um ihn zu reinigen. Nutze das Licht des Vollmondes, um ihn anschließend wieder zu energetisieren.

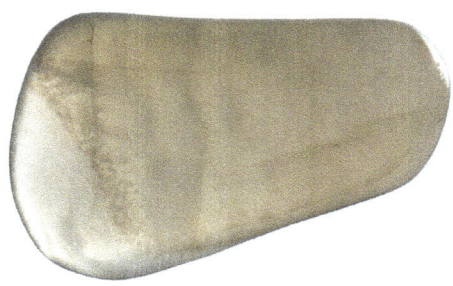

Schritt 3:
Lasse die Heilsteine für dich wirken

An der einen oder anderen Stelle des Buches konntest du bereits darüber lesen, welche Möglichkeiten bestehen, mit den Heilsteinen zu arbeiten. Nachfolgende Beispiele können dir Wege aufzeigen, erste Erfahrungen mit deinen energetischen Helfern zu sammeln. Es gibt verschiedene Wege, um die Kraft der Steine in deinen Alltag und/oder bei gezielten Behandlungen aktivieren zu können. Wenn du beim Lesen der Vorschläge Interesse und Lust bekommst, das eine oder andere auszuprobieren, kann es ein intuitives Signal sein, dem du zunächst folgen kannst. Ein Heilsteintagebuch zu führen, könnte dir dabei helfen, deine Ausgangslage sowie weitere Entwicklungen zu reflektieren und festzuhalten. In Form eines Journalings kannst du dir immer wieder selbst Reflexionsfragen stellen und sie schriftlich beantworten. Folgende Fragen könnten für dich nützlich sein:

1. Analyse der Ausgangslage:
   - Wie fühle ich mich gerade körperlich, geistig, emotional?
   - Wie wohl fühle ich mich ein meinem Zuhause?
   - Wie erholsam ist mein Schlaf?
   - Wie schätze ich die Qualität meiner zwischenmenschlichen Beziehungen ein?
   - Welche Bereiche in meinem Leben möchte ich optimieren?
   (Liebe, Gesundheit, Finanzen, Arbeit etc.)
   - Was kann ich selbst tun, um Verbesserungen zu erzielen?
   - Welche Hilfen möchte ich in Anspruch nehmen?

2. Umsetzungsphase:
   - Welche Heilsteine passen zu meinen Zielen und Anliegen?
   - Wo finde ich die geeigneten Heilsteine für mich?
   - In welcher Form möchte ich sie einsetzen?
   - Wann nehme ich mir die Zeit z. B. für meine Heilsteinmeditation?
   - Wann notiere ich meine Wahrnehmungen?

3. Reflexionsphase:
   - Welche Veränderungen konnte ich innerlich oder in meiner Außenwelt wahrnehmen?
   - Gibt es andere Faktoren, die eine Veränderung hätten hervorrufen können?
   - War ich immer aufgeschlossen und präsent gegenüber der Heilsteinenergie?
   - Hat sich meine Perspektive gewandelt, sodass jetzt vielleicht andere Heilsteine Verwendung finden sollten?
   - Hatte ich besondere Träume und spontane Eingebungen?
   - Habe ich neue Menschen kennengelernt, die plötzlich in mein Leben traten?
   - Gibt es Bereiche meines Lebens, die sich optimiert haben?
   - An welcher Stelle kann ich noch mehr Eigeninitiative mit einbringen?
   - Wer konnte mir in schwierigen Situationen weiterhelfen?

Sicher fallen dir noch weitere Fragen und Impulse während des Schreibens ein, die passend für deine konkrete Situation sind. Nachfolgende Vorschläge kannst du in der Umsetzungsphase ausprobieren und so zu deiner eigenen Praxis mit den Heilsteinen gelangen.

Handschmeichler

Der wohl einfachste Weg, mehrmals am Tag Kontakt zur Energie deines Heilsteines aufzunehmen, ist es, ihn als Handschmeichler z. B. in deiner Hosentasche bei dir zu tragen. Dabei kannst du deinen Heilstein versteckt in der Hand halten, wenn du z. B. das Gefühl hast, dass du neue Energie brauchst oder sehr nervös bist. Dein Handschmeichler-Stein sollte aber mindestens 2 cm groß sein, damit er eine ausreichend energetische Wirkung in deiner Hand entfaltet. Vor den Blicken anderer geschützt kannst du ihn so in verschiedenen Situationen berühren und dich mit ihm verbinden. Ein Handschmeichler ist ein Edelstein, der so bearbeitet wurde, dass er abgerundet perfekt in deinem Handteller liegt. Dies sollte sich sehr angenehm anfühlen, da sich seine Form in deine Hand schmiegt und diese Berührung sehr entspannend auf dich wirken kann. Gerade in stressigen Situationen kannst du ihn verborgen oder sichtbar halten und kurz innehalten. Eine tiefe und bewusste Bauchatmung verstärkt den Kontakt zu deinem Heilstein.

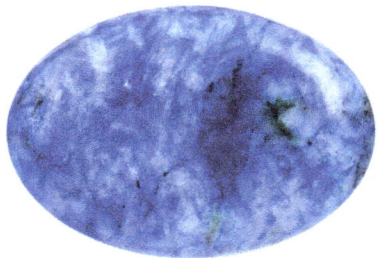

Der Vorteil ist, dass es mittlerweile fast alle Edelsteine als Handschmeichler gibt. Vor allem Rosenquarz, Bergkristall und Jade eignen sich als helfende Heilsteine, um Anspannung und Stress zu reduzieren. Wenn du eine Zeit lang mit dem Stein in der Hand spielst, wirst du merken, wie er dir hilft, wieder in Harmonie zu kommen, je nachdem, ob du gerade eher Ruhe oder Kraft benötigst. Du kannst diesen besonders geformten Edelstein auch gut für Massagen oder zur Auflage auf bestimmte Körperstellen benutzen. Er passt sich nicht nur deiner Hand, sondern allgemein sehr gut an die Haut an und nimmt deine Körperwärme auf. Du kannst den Stein aber auch vorher z. B. in warmem Wasser erwärmen, damit er diese Wärme an deinen Körper abgeben kann. Die Wirkung deines Handschmeichlers wird sich mit jedem Tragen und Berühren verstärken. Wähle also den Heilstein sorgfältig aus und beobachte genau, welche Veränderungen sich eventuell nach einiger Zeit einstellen. Da ein Edelstein als Handschmeichler jedoch stark bearbeitet wurde, um seine elliptische oder ovale Form zu erhalten, verfügt er über ein geringeres Energiepotenzial als z. B. ein unbearbeiteter Rohstein.

Trommelsteine

Trommelsteine erhielten ihren Namen aufgrund der Art und Weise ihrer Herstellung. Mehrere Rohsteine werden dafür in einer Schleiftrommel mit Wasser und Poliermittel gegeben und bewegt. Ähnlich wie an einem Steinstrand oder Flussufer werden die Steine mit der Zeit glatt geschliffen und ein glatter, abgerundeter Edelstein entsteht. Dieser Vorgang des Schleifens dauert mehrere Wochen. Diese Steine behalten jedoch noch ihre charakteristische Form, da lediglich die Oberfläche glatt geschliffen und nicht die komplette Form verändert wird, wie z. B. beim Handschmeichler. Das Herstellungsverfahren eines Trommelsteins ist daher eine Kopie des natürlichen Schleifvorganges in der Natur, wo Steine, Sand und Wasser Kieselsteine formten.

Wie auch bei einem Handschmeichler wurde der Rohstein bearbeitet, was seine Wirkung etwas abschwächen kann. Doch verlor er nicht gänzlich seine natürliche Form, weshalb man ihn trotzdem für Anwendungen nutzen kann. Seine glatte Oberfläche liegt angenehm auf der Haut auf und auch als Schmuckstein ist er eine wahre Zierde.

Trommelsteine können daher ihre Anwendung ebenfalls als Handschmeichler in der Hosentasche, als Kettenanhänger, Auflagesteine auf den Körper oder auch als Unterlage des Kopfkissens finden. Bei letzterer Variante kann dein Heilstein seine „Strahlung" an dich abgeben, während du schläfst. Bergkristall und Hämatit sind besondere Edelsteine, die helfen können, andere energetisch zu reinigen. Mehrere Trommelsteine dieser Art lassen sich daher als Unterlage nutzen, um andere Heilsteine z. B. nach einer Behandlung darauf zu legen und zu „entladen".

Wenn du einen Trommelstein als Kette um den Hals trägst, kann er seine Wirkung direkt auf deiner Haut entfalten. Du kannst die Länge deiner Kette so variieren, dass der Stein beim Tragen vielleicht sogar auf einer zu behandelnden Körperregion, wie z. B. Hals, Herz, Magen, aufliegen kann. Da Trommelsteine eine sehr glatte Oberfläche haben und auch in kleinen Größen erhältlich sind, kannst du deinen Heilstein sogar mit einem Verband oder Heftpflaster an entsprechender Stelle fixieren. Dies kann sinnvoll sein bei Behandlungen von Kopfschmerzen, Ohrenschmerzen, Gelenkschmerzen, Muskelschmerzen etc.

Heilsteinwasser

Unser Körper besteht zu ca. 70 % aus Wasser, daher ist es naheliegend, dass die Qualität des Wassers großen Einfluss auf unsere Gesundheit und unser Wohlbefinden ausüben kann. Dr. Masaru Emoto erforschte, dass Wasser auch ein eigenes Gedächtnis besitzt und sich daher von äußeren Einflüssen in seiner Qualität verändern lässt. So können Edelsteine durch ihre Schwingungen das Wasser anreichern und erheblich verbessern, bis hin zu Quellwasserqualität. Das Heilsteinwasser kannst du zur innerlichen Anwendung nutzen, aber auch zum Auftragen auf die Haut z. B. als Gesichtswasser. Solltest du täglich Edelsteinwasser trinken wollen, ist es ratsam, sehr mildes Wasser herzustellen und dich langsam daran zu gewöhnen. Dafür kannst du jeden Tag neues Wasser herstellen.

Für ein sanftes Heilsteinwasser legst du deine ausgewählten Heilsteine über Nacht in die benötigte Menge Wasser, sodass du es am Morgen genießen kannst. Die energetische Wirkung hält bis zu sechs Stunden an. Da die Steine ihre Informationen und Energie an das Wasser abgeben, sollten sie auch immer wieder gereinigt und neu aufgeladen werden, wie z. B. mit Mondlicht oder den Strahlen der Morgensonne. Jeder Mensch reagiert anders auf Edelsteinwasser, weshalb du dich langsam herantasten solltest. Notiere dir auch gerne deine Schritte und Erfahrungen in deinem Heilsteine-Tagebuch.

Zu beachten ist, dass Edelsteinwasser für Babys und Kleinkinder ungeeignet ist. Für größere Kinder gibt es sogar spezielle Heilsteinmischungen zu kaufen, die besser abgestimmt sind auf den kindlichen Organismus und Energiekörper. Auch Menschen, die sehr sensibel sind, eine schwere Krankheit behandeln möchten oder emotional gerade unstabil sind, können empfindlich auf das Heilsteinwasser reagieren. Wie bereits betont, sollte auch das Edelsteinwasser niemals einen Ersatz für eine ärztliche Diagnose und Behandlung darstellen, sondern präventiv und begleitend eingesetzt werden.

Um dein eigenes Heilsteinwasser herzustellen, stehen dir verschiedene Verfahren zur Verfügung. Hier gilt es, die verschiedenen Möglichkeiten für sich auszuprobieren und zu beobachten, wie dein Körper auf das jeweilige Wasser reagiert. Die Herstellung eines Edelsteinwassers ist ein relativ einfaches Verfahren, um die

Informationen und Energien der Heilsteine innerlich anwenden zu können. Achte darauf, dass deine Steine für diese Anwendung mit Wasser geeignet sind. Zur Herstellung deines Edelsteinwassers kannst du verschiedene Verfahren benutzen.

Mittlerweile gibt es sogenannte „Edelsteinstäbe", die bereits mit einer bestimmten Mischung oder einem bestimmten Heilstein befüllt sind. Bei dieser Methode haben die Steine keinen direkten Kontakt zum Wasser, da sie in eine Phiole oder einem Stab eingeschlossen wurden. Bei dieser Form der Herstellung von Edelsteinwasser geht es vor allem um die Strahlung der Steine, die in das Wasser, in dem der Edelsteinstab steht, abgegeben wird. Hierbei handelt es sich auch um eine sehr hygienische Methode, da der Glasstab leicht zu reinigen ist und die Heilsteine, eingeschlossen im Glas, weder Kontakt zu Wasser noch zu Sauerstoff haben. So können eventuell vorhandene Schadstoffe das Heilsteinwasser nicht verunreinigen. Edelsteinstäbe lassen sich auch leicht selbst herstellen. Du kannst dafür Reagenzgläser aus Glas mit deiner eigenen Edelsteinmischung befüllen und sie dann in dein Trinkwasser stellen. Verschlossen werden diese Glasröhrchen meist mit einem Korken, sodass kein direkter Kontakt mit dem Wasser zustande kommen kann.

Eine weitere Möglichkeit bieten Edelsteinplatten, die in das Wasser oder unter das Trinkglas bzw. die Trinkflasche gelegt werden können. Damit kann das Wasser mit der Information eines einzelnen Edelsteins geprägt werden.

Ein energetisch besonders wirksames Heilsteinwasser mit einer sehr hohen energetischen Dichte lässt sich durch die Kochmethode herstellen. Dieses Verfahren ist nicht für den täglichen Gebrauch gedacht, du kannst es aber anwenden, wenn es einmal schnell gehen muss. Hierfür gibst du die bereits gereinigten Heilsteine deiner Wahl in einen Kochtopf mit kaltem Wasser. Auf dem Herd wird das Edelsteinwasser nun schrittweise erwärmt, bis der Siedepunkt erreicht ist. Lass die Steine nun maximal fünf Minuten kochen. Anschließend stellst du den Topf zum Abkühlen an einen ruhigen Ort. Wenn keine Zeit bleibt, kannst du das Wasser bereits jetzt auch wie einen Tee trinken, sobald es auf Trinktemperatur abgekühlt ist.

Entferne die Steine, sobald das Edelsteinwasser abgekühlt ist. Durch den Kochvorgang werden die Heilsteine „desinfiziert", sodass du keine Erreger in deinem Heilsteinwasser befürchten musst. Achte unbedingt darauf, dass sich im Wasser keine Steinsplitter befinden, die sich beim Kochvorgang eventuell abgelöst haben. Wenn nötig, filtere es durch ein Sieb.

Wie bereits erwähnt, eignen sich nicht alle Edelsteine für die Herstellung eines Edelsteinwassers. Manche lassen sich zwar bedenkenlos auf der Haut tragen, erweisen sich aber als ungeeignet für die Herstellung eines Heilsteinwassers. Das liegt daran, dass manche Steine beim Kontakt mit Wasser Stoffe abgeben, die schädlich oder sogar giftig für den menschlichen Organismus sein können. Damit du dir bei deinen Heilsteinen sicher sein kannst, solltest du bei deinem Händler oder einem Steinheilkundler nachfragen, ob deine Steine geeignet sind. Mittlerweile werden auch gefärbte oder gefälschte Edelsteine vertrieben, die mit Chemikalien belastet sein können. Bei manchen Verkäufern ist es möglich, ein Echtheitszertifikat für den Stein anzufordern. Grundsätzlich gilt, dass Heilsteine zur Herstellung eines Edelsteinwassers so naturbelassen wie möglich sein sollten.

Es gibt aber auch Heilsteine, die von Natur aus nicht für ein Edelsteinwasser geeignet sind, da sie metallische Verbindungen enthalten, die bei Kontakt mit Wasser chemisch reagieren können. Dies würde zu einer Freisetzung von Substanzen führen, die sicherlich nicht gesundheitsfördernd sind. Auch gibt es Steine, die, wenn auch nur schwach, radioaktiv sind und daher ebenfalls ungeeignet sind für das Herstellen eines Heilsteinwassers.

Folgende Auflistung soll dir einen kurzen Überblick geben, welche Steine nicht für die Herstellung eines Edelsteinwassers geeignet sind und warum. Diese Aufzählung stellt nur eine kleine Auswahl dar, weshalb du dich im Zweifelsfall immer durch Recherche absichern solltest oder auf ein Verfahren zurückgreifen, bei dem deine Heilsteine keinen direkten Kontakt zum Wasser haben, wie z. B. bei einem Edelsteinstab.

Edelsteine	Negative Wirkung
Türkis	Der Türkis kann bei Kontakt mit Wasser giftige Substanzen abgeben.
Malachit	Aufgrund giftiger Kupferverbindungen ist der Malachit nicht für das Edelsteinwasser geeignet.
Pyrit (Katzengold)	Pyrit enthält eine Schwefel-Eisen-Verbindung, die sich negativ auf ein Edelsteinwasser auswirken kann.
Tigerauge	Giftiger Asbest lässt das Tigerauge zwar schön schimmern, darf aber nicht mit Wasser in Verbindung gebracht werden.
Moqui	Moquisteine enthalten Schwermetalle, die an Wasser abgegeben werden.
Magnetit	Wird als Wasserstein benutzt, kann aber bei Menschen mit Schilddrüsenproblemen schädlich sein.

Mittlerweile gibt es viele seriöse Anbieter, die sich auf Wassersteine und Steinmischungen für Edelsteinwasser spezialisiert haben und bei denen die Herkunft und Zusammensetzung der Heilsteine nachvollziehbar sind. Speziell ausgebildete Steinheilkundler können dir ebenfalls helfen, die richtigen Steine in entsprechender Qualität zu finden.

Wenn du dein Edelsteinwasser schließlich nach einer dieser Methoden hergestellt hast, ist es bereit, die Wirkung der Heilsteine an dich weiterzugeben. Je nach Stein und Herstellungsverfahren variiert die Intensität des Wassers. Auch hat die innerliche Anwendung einen stärkeren Effekt als das Auflegen oder Tragen von Edelsteinen und hält länger an. Das Edelsteinwasser ist daher nicht dafür gedacht, als Durstlöscher in größeren Mengen über den Tag verteilt getrunken zu werden, sondern sollte mit Bedacht dosiert sein. Wenn du erste Erfahrungen mit dem Edelsteinwasser sammelst, kannst du diese Dosis zunächst „einschleichen" und z. B. morgens, mittags und abends ein kleines Gläschen davon trinken. Beobachte anschließend genau, wie du dich fühlst. Jedes Anzeichen von Unwohlsein ist ein Zeichen dafür, dass das Edelsteinwasser gerade nicht passend für dich ist, oder für deinen Organismus zu intensiv energetisiert. Unterbrich oder reduziere in beiden Fällen sofort die Einnahme.

Grundsätzlich kann man sagen, dass ein Edelsteinwasser, das mit einem einzigen Heilstein hergestellt wurde, auch kräftiger wirkt. Bei Edelsteinmischungen harmonisieren sich die Steine oft gegenseitig, weshalb eher diese Variante angeraten ist. Die Einnahme von Edelsteinwasser sollte auch nicht über einen längeren Zeitraum stattfinden, sondern eher kurmäßig z. B. eine Woche lang täglich 1 Liter. Danach lässt sich eine Pause von mehreren Tagen einlegen. Bei Edelsteinmischungen und der Herstellung des Wassers mithilfe eines Edelsteinstabs entsteht ein sehr mildes Wasser, das nach der Gewöhnungsphase in größeren Mengen getrunken werden kann. Dein Körper wird dir signalisieren, wie gut dir das Wasser tut und wie lange du es trinken solltest. Achte daher aufmerksam auf seine Signale, die er dir sendet, und beende bei auftretenden Nebenwirkungen sofort die Zufuhr des Wassers. Spezielle Edelsteinmischungen im Handel sind bereits so abgestimmt, dass sie zusammen harmonieren. Ein Wechsel von verschiedenen Mischungen an einem Tag wäre eher kontraproduktiv und kann das körperliche und seelische Gleichgewicht stören. Eine besonders milde und auch für eine längere Zeit konzipierte Grundmischung besteht aus Amethyst, Rosenquarz und Bergkristall. Während man andere Mischungen nicht über eine längere Zeitspanne hinweg einsetzen sollte, kann diese Basismischung auch täglich getrunken werden.

Ähnlich der Wirkung anderer Naturheilverfahren, wie z. B. bei der Homöopathie, gibt auch sanftes Heilsteinwasser einen Impuls an den Körper ab, der oft schon reicht, um die innewohnenden eigenen Heilkräfte zu aktivieren. Eine Einnahme über einen längeren Zeitraum ist daher nicht anzuraten, da das Edelsteinwasser die Heilkraft nicht ersetzen, sondern aktivieren möchte. Nach einiger Zeit würde sich ein Gewöhnungseffekt einschleichen, sodass das Wasser keine Wirkung mehr erzielt. Nach einer längeren Trinkpause kann ein gesetzter Heilreiz wieder stärker ausfallen. Ausnahmen bieten hier der Diamant, Aquamarin, Topas und Turmalin, die trotz starker Wirkweise in höherem Maße getrunken werden können. Heilsteine können sich sehr in Größe, Form und Qualität unterscheiden, was natürlich auch einen Einfluss auf die Herstellung des Edelsteinwassers nimmt. Empfehlenswert wären aber mehrere kleine Steine mit unterschiedlichen Formen, da sie ein höheres Potenzial haben, das Wasser harmonisch zu energetisieren. Nach einer Woche ist es Zeit, deine Heilsteine zu reinigen und neu aufzuladen.

Nun bleibt noch die Frage zu klären, welches Wasser sich am besten zur Herstellung des Edelsteinwassers eignet. Es ist ein wichtiges Element innerhalb und außerhalb unseres Körpers und schwingt auf seine ganz eigene Art und Weise. Wie du jetzt schon weißt, schwingen auch Steine mit ihrer ganz eigenen Energie und können diese abgeben, so auch auf das Wasser. Für die Herstellung von Edelsteinwasser gilt: Je reiner, desto besser, denn alle zusätzlichen Bestandteile im Wasser tragen wiederum ihre eigene Information. Wenn das Wasser z. B. Rückstände von Hormonen, Toxinen und von verschiedenen Mineralstoffen enthält, können diese das Edelsteinwasser beeinflussen. Daher eignet sich am besten mineralarmes Quellwasser, um ein besonders wirkungsvolles Heilsteinwasser anzusetzen. Leitungswasser eignet sich nur bedingt. Je nach Wohnort kann es nämlich stark energetisch oder durch Rückstände verunreinigt sein. Informiere dich daher vorher, welche Trinkqualität das Wasser an deinem Wohnort aufweist. So kann man sagen, dass für die Herstellung des Heilsteinwassers die Qualität des Trinkwassers sehr entscheidend ist und dies bei der Auswahl zu bedenken ist.

Wenn du nun Lust hast, deine eigene Edelsteinmischung zusammenzustellen, findest du in nachfolgender Auflistung Kombinationen, die sich als besonders harmonisch und wirksam erwiesen haben.

Thema/Ziel	Heilsteine	Wirkung
Quellwasser Grundmischung	Amethyst, Rosenquarz, Bergkristall	Diese Edelsteine rekonstruieren die Energie und Struktur des natürlichen Bergquellwassers. Sie können helfen, die Qualität des Wassers sofort zu verbessern.
Harmonie	Amethyst, Jade, Rosenquarz	Dieses Heilsteinwasser soll helfen, wenn man sich psychisch und emotional nicht im Gleichgewicht fühlt. Es kann getrunken oder auch als Raumspray zur Harmonisierung der dortigen Energie genutzt werden.
Glück	Bergkristall, Aventurin, Citrin	Ein glücklicher Gemütszustand ergibt sich nicht nur durch Geschehnisse von außen, sondern ist eine innere Einstellung, ja eine Lebensphilosophie. Diese Heilsteine geben dem Wasser die Informationen von Glück, Optimismus, Heiterkeit und Vertrauen.
Entspannung	Rosenquarz, Amethyst, Aventurin	Diese Mischung unterstützt in besonders hektischen Zeiten des Lebens. Mithilfe ihrer Energie kommen Körper, Geist und Seele wieder in Einklang. Der Rosenquarz stärkt dabei die Herzenergie, Aventurin spendet neue Lebensenergie und Amethyst reinigt körperlich und mental von stressbedingten Symptomen und kreisenden Gedankenmustern.

Weiblichkeit	Mondstein, Bergkristall	Diese wunderschönen Heilsteine verbinden sich mit dem natürlichen Zyklus des Mondes und der Frau. Sie fördern den Zugang zur femininen Seite, gleichen den Menstruationszyklus aus, stärken die Intuition und Kreativität.
Vitalität	Bergkristall, Amazonit, Rosenquarz	Um dem Organismus auf die Sprünge zu helfen, sind diese Heilsteine bei Müdigkeit und fehlender Lebensenergie zu empfehlen. Der gesamte Körper und Geist werden belebt durch die Klarheit des Bergkristalls. Der Amazonit möchte die Nerven stärken für mehr Widerstandskraft in allen Lebenslagen und Rosenquarz harmonisiert auf seine sanfte und liebevolle Art.
Schutz	Bergkristall, schwarzer Turmalin, schwarzer Obsidian	Sich energetisch zu schützen, bedeutet nicht, sich zu verstecken oder unsichtbar vor Angriffen zu machen. Stattdessen geht es darum, das eigene Energiesystem so stark und ausgedehnt aufzubauen, dass Angriffe daran sozusagen „abperlen". Schwarzer Turmalin und Obsidian gelten als starke Schutzsteine, um negative Energien abzuwehren. Dieses Edelsteinwasser kann auch sehr gut als „Auraspray" eingesetzt werden.

Stressreduktion	Bergkristall, Citrin, Amethyst, roter Jaspis	Stress induzierte Krankheiten sind heutzutage eine große Belastung für viele Menschen. Gerade dauerhaft anhaltender Stress bringt körperliche, psychische und seelische Beeinträchtigungen mit sich. In dieser Mischung wirken Bergkristall und Amethyst ausgleichend auf das System. Der rote Jaspis stärkt, indem er den Energiefluss anregt. Als nervenstärkend und stimmungsaufhellend gilt der Citrin, der diesem Edelsteinwasser noch den nötigen Optimismus für stressige Phasen hinzufügt.
fünf Elemente	Amethyst, Chalcedon, versteinertes Holz, Rosenquarz, Ozeanjaspis	In der traditionellen chinesischen Medizin (TCM) durchläuft alles im Leben fünf Phasen, die durch die fünf Elemente Holz, Feuer, Erde, Metall, Wasser repräsentiert werden. Diese Heilsteine möchten harmonisierend auf den stetigen Wandel in allen Lebenslagen einwirken. Diese Phasen zeigen sich als Neubeginn, Entwicklung, Gleichgewicht, Rückzug und Lebenskraft.

Dein Edelsteinwasser kannst du nicht nur innerlich anwenden, indem du es trinkst, sondern auch als Spray, zum Einreiben oder als heilsamen Wickel für entsprechende Körperstellen. Die Vorteile der Kombination von Wasser und Heilsteinen hast du bereits erfahren. Die beiden ergänzen sich perfekt und erhöhen gegenseitig ihre Energien. Therapeutisch betrachtet, erweist sich die äußere Anwendung des Heilsteinwassers als besonders wirksam und kann als eigenständige Therapieform verwendet werden oder die

Anwendungen des Auflegens und Tragens von Heilsteinen noch ergänzen bzw. abrunden.

Zum Auftragen auf deine Haut kannst du das Edelsteinwasser direkt auf betroffene Hautstellen aufsprühen oder einmassieren. Es eignet sich auch besonders gut als Gesichtswasser oder als Beimischung für Körperlotionen. Wenn du deine entsprechende Mischung hergestellt oder einen speziellen Heilstein für deine Beschwerden gefunden hast, kannst du dieses Heilsteinwasser auch nutzen, um es als Badezusatz beizumischen. Durch die Wärme des Wassers können sich die Poren öffnen und die heilsamen Informationen in deinen Energiekörper und die Hautschichten eindringen. Zusätzlich entspannt das warme Bad, sodass du dich ganz auf die heilenden Aspekte deines Steines oder deiner Steinmischung fokussieren kannst.

Die äußerliche Anwendung des Edelsteinwassers kann besonders hilfreich sein, z. B. bei Durchblutungsstörungen, schwachem Bindegewebe, Gelenk- und Muskelschmerzen, Verspannungen, unreiner Haut, Entgiftung über die Haut, bestimmten Hautkrankheiten, Entzündungen, Wundheilung. Zur gezielten Behandlung einiger Körperregionen kannst du Wickel mit dem Edelsteinwasser tränken und bis zu 30 Minuten einwirken lassen. Gerade bei Sportverletzungen wie Prellungen, Stauchungen und Zerrungen kann dieses Verfahren hilfreich sein. Solltest du Reizungen oder Verschlechterungen wahrnehmen, ist die Therapie sofort abzubrechen.

Auch bei solchen natürlichen Heilverfahren können Nebenwirkungen auftreten, die es dringend zu beachten gilt. Für Babys und Kleinkinder ist Edelsteinwasser tabu. Bei heranwachsenden Kindern sollte man, je nach Verträglichkeit, weniger Wasser reichen als bei einem Erwachsenen, jedoch maximal die Hälfte. Kinder spüren oft intuitiv sehr genau, was ihnen gerade „schmeckt" und guttut oder nicht. Daher sind alle Rückmeldungen des Kindes bei einer Gabe von Heilsteinwasser zu beachten und ernst zu nehmen. Während der Schwangerschaft ist auf das Trinken von Edelsteinwasser eher zu verzichten, da die Wirkweise auf das ungeborene Kind anders ausfallen kann als auf die Mutter. Letztendlich sind sämtliche Anzeichen von Unwohlsein Indikatoren, die aufzeigen möchten, dass das Edelsteinwasser gerade nicht vom Körper vertragen wird. Entweder ist der Heilstein bzw. die Heilsteinmischung nicht optimal gewählt oder das Wasser zu stark energetisiert oder in der Menge überdosiert. Setze das Edelsteinwasser dann sofort ab und gönne deinem Körper eine Auszeit, um sich wieder zu regulieren. Vielleicht kannst du es zu einem späteren Zeitpunkt erneut versuchen, indem du die Dosis langsam erhöhst und das Steinwasser verdünnt und/oder in kleineren Mengen konsumierst. Bei auftretenden Problemen oder Missempfindungen solltest du umgehend einen Arzt oder Heilpraktiker aufsuchen. Da die Heilwirkung der Edelsteine bis heute nicht wissenschaftlich belegt ist, kann auch eine Wirkung oder sogar Heilung von Krankheiten nicht garantiert werden. Doch möchten sie dich sanft unterstützen auf deinem ganz persönlichen Weg. Achte daher sehr genau auf dich und erzwinge nichts!

Aufstellen von Heilsteinen

Die magische Wirkung von Edelsteinen wurde in fast allen Kulturen der Welt wahrgenommen und hielt Einzug in viele der entstandenen Lehren. Da sie seit Urzeiten auf unserer Erde sind, speicherten sie, schlafend in den Tiefen von Mutter Erde, kosmische Energien. Diese Strahlkraft der Steine und deren Wirkungskraft wurden auch in der Feng-Shui-Lehre aufgegriffen. Sie ist eine Harmonielehre aus China, die dem Menschen helfen soll, seine Umgebung so zu gestalten, dass sie harmonisch und wohltuend auf ihn einwirkt. Das beinhaltet nicht nur Überlegungen bezüglich der Bauweise eines Hauses, der Raumaufteilung und Positionierung von Möbeln, sondern auch das konkrete Setzen positiver Impulse durch Accessoires wie Spiegel, Einrichtungsgegenstände und Heilsteine.

Den Edelsteinen wird dabei nicht nur eine heilende Wirkung nachgesagt, sie sind auch eine wahre Augenweide und ein Blickfang in Wohnung, Haus und Garten. Nach der alten asiatischen Lehre des Feng-Shui sind diese Steine besonders aufgeladen und haben so die Eigenschaft, deinen Wohnraum zu reinigen und zu harmonisieren. Man spricht von dem sogenannten Qi-Fluss, der mithilfe der Steine ausgeglichen fließen darf. Dies kann besonders helfen, wenn die Baubeschaffenheit nicht optimal ist, oder nach Feng-Shui Grundlagen Bereiche in Wohnraum und Garten existieren, die eine mangelnde Energie aufweisen oder sich sogar ungünstig auf das Wohlbefinden auswirken können. Zudem wollen die aufgestellten Steine, ebenso wie am Körper getragene Steine oder das Heilsteinwasser, dazu beitragen, Heilungsprozesse zu aktivieren und den Gesundheitszustand gezielt positiv zu fördern. In der Feng-Shui-Lehre schreibt man den Steinen und Kristallen folgende helfende Eigenschaften für den Wohnraum zu:

Feng-Shui Steine/Kristalle	Eigenschaften
Chalcedon, Aquamarin	Diese beiden Feng-Shui-Steine sollen Blockaden lösen, was die berufliche Entwicklung betrifft. Sie begünstigen Erfolg und Karriere.

Mahagoni-Obsidiane	Wenn es um das Thema Persönlichkeitsentwicklung geht, unterstützt der wunderschön braun gefärbte Mahagoni-Obsidian. Wichtig ist, dass der Mensch dabei aktiv an seiner Individualität arbeitet und seinen Fokus darauf hält.
Jaspis, Rubin	Zur Stärkung des Immunsystems werden Jaspis und Rubin im Wohnraum aufgestellt. Beide Edelsteine können auch helfen, wenn ein persönlicher oder beruflicher Neubeginn ansteht.
Jade	Die Jade ist ein Heilstein, der Schutz und Glück in die eigenen vier Wände einladen möchte.
Rosenquarz	Für positive zwischenmenschliche Beziehungen, gute Kommunikationen, tiefe Verbindungen und einen liebevollen Umgang miteinander wird der Rosenquarz aufgestellt.
Amethyst	Wenn ein neues Projekt geplant ist, das die ganze Konzentration und Aufmerksamkeit fordert, kann ein Amethyst z. B. in Büroräumen dabei unterstützen, ausdauernd und fokussiert an der Umsetzung dieser Pläne dranzubleiben.
Bergkristall	Der Bergkristall möchte den Raum öffnen für eine Rückverbindung mit der universellen Energie. Er spendet Reinheit und Klarheit im Raum.

Diese Heilsteine können ebenso im Garten oder auf dem Balkon aufgestellt werden, um für eine positive Atmosphäre zu sorgen. Feng-Shui-Steine für den Garten sind eher rundliche und geschliffene Steine für eine harmonische Wirkung. Sie werden vorzugsweise südwestlich aufgestellt. Vor dem Einsatz von Edelsteinen ist wieder genau zu überlegen, wofür sie helfen sollen. Was sind die individuellen Zielsetzungen und Wünsche für einen Raum und das persönliche Wohlbefinden?

Folgende Fragen können für dich daher hilfreich sein, bevor du deine Heilsteine im Raum platzierst:

1. Welcher Raum soll verändert bzw. von der Energie beeinflusst werden?
2. Welche Energie wünschst du dir in diesem Raum?
3. Welcher Heilstein kommt dafür infrage (intuitive oder analytische Auswahl)?
4. An welchem Ort im Raum ist der Stein optimal positioniert, um seine Wirkung zu entfalten?

Nachfolgende Tipps können dir helfen, erste Schritte zu unternehmen, um deinen Raum oder mehrere Räume nach der Feng-Shui-Lehre mit Edelsteinen auszustatten.

Öffnungen im Raum, also Fenster und Türen, spielen eine entscheidende Rolle, da über sie die Energie des Raumes austreten kann. So können entsprechende Heilsteine auf das Fensterbrett oder nahe der Türschwelle aufgestellt werden, um die Energie im Raum zu halten.

Überlege zuvor genau, welche Energie du dem Zimmer zukommen lassen möchtest. Soll es eher mit kraftvoller Energie aufgeladen werden oder tut ihm mehr Ruhe und Entspannung gut? Auch ist zu bedenken, wenn du mit anderen Personen zusammenlebst, dass diese die Energie anders wahrnehmen könnten als du. Grundsätzlich eignet sich das Aufstellen eines Rosenquarzes mittig in der Wohnung oder im Haus besonders gut, wenn mehrere Menschen an diesem Ort zusammenleben. Denn aus dem Zentrum heraus kann er dann in alle Richtungen seine Liebesenergie ausstrahlen, die das harmonische Zusammenleben fördern soll.

Ein naturnaher Wohnraum ist heutzutage nicht mehr so leicht aufzufinden oder umzusetzen, gerade wenn man in der Stadt wohnt. Im Unterschied zu unseren Vorfahren, die oft noch im Einklang mit der Natur und ihren Rhythmen lebten, dominieren heute elektrische Geräte, künstliches Licht und Wärmequellen die häusliche Umgebung. Daher sind wir Menschen auch Wohngiften und Strahlungen ausgesetzt, die unsichtbar unsere Gesundheit beeinflussen können. Hier möchten aufgestellte Heilsteine helfen, z. B. die Strahlenbelastung durch Elektrosmog zu reduzieren. Wenn du viel am Schreibtisch arbeitest, kann ein Rosenquarz oder Turmalin an deinem Arbeitsplatz diese negativen Strahlungen beseitigen und elektrische Felder minimieren. Da Heilsteine die Eigenschaft besitzen, Informationen und Energien zu speichern, ist es wichtig, sie in regelmäßigen Abständen unter fließendem Wasser wieder zu reinigen und mithilfe von Bergkristall, Sonnen- oder Mondlicht aufzuladen. In einem späteren Kapitel erfährst du noch detaillierter, wie du dabei vorgehen kannst.

Da Heilsteine – oder hier Feng-Shui-Steine – nicht nur auf den Körper Einfluss nehmen können sondern auch in Bezug auf die Energien eines Raumes, haben sie die Möglichkeit, ihre Informationen dort abzugeben und auf die Bewohner wieder zurückwirken zu lassen. Teste die Raumenergie selbst, indem du dir die Zeit nimmst, dich in die Mitte des Zimmers zu stellen und in Ruhe wahrzunehmen, wie du dich hier fühlst. Welche Emotionen kommen in dir hoch? Fühlst du dich wohl und voller Kraft oder eher gestresst und angespannt? Mache diese kurze Übung, bevor du einen Stein positioniert hast, und wiederhole sie noch einmal, nachdem die Heilsteinenergie einen Tag wirken konnte. Was hat sich verändert? Solltest du keine Veränderung spüren, warte vielleicht noch einen weiteren Tag – tausche aber den Stein dann durch einen anderen Heilstein aus, sollte sich keine wesentliche Verbesserung einstellen.

Zusätzlich zur Aufstellung der Steine kannst du entsprechendes Edelsteinwasser ansetzen und als Raumspray einsetzen. So besteht die Möglichkeit, die Heilsteininformation zusätzlich zu verteilen und intensivieren. Dieses besondere Wasser hilft dir, deinen Wohnort energetisch zu reinigen, zu harmonisieren und die Heilsteininformationen zu aktivieren. Spüre selbst, ob der Einsatz deines Edelsteinwassers deine Zielsetzung erreichen konnte. Damit das Edelsteinwasser besonders intensiv wirkt, kannst du es durch das Kochen der Heilsteine besonders „scharf" herstellen. Der Bergkristall eignet sich hervorragend zur energetischen Basisreinigung von dunklen Energien und lässt sich überall in Wohnung, Haus, Garten und Balkon verwenden. Hier wird die Verwendung eines milchigen Bergkristalls empfohlen.

In der Feng-Shui-Lehre ist nicht nur die Platzierung sondern auch die Größe des Heilsteines von Bedeutung. Diesbezüglich sind die Art des Steines und auch die Raumgröße zu beachten. Rohkristalle werden dabei bevorzugt eingesetzt. Du kannst zu Beginn ein wenig experimentieren, welcher Stein in welcher Größe an welchem Ort für dich das stimmigste Ergebnis hervorbringt. Du kannst den Prozess über mehrere Tage ausdehnen und den Raum immer wieder in Stille wahrnehmen und überprüfen, ob sich die Energie richtig für dich anfühlt. Wenn du in der Mitte des Raumes stehst und deinen Heilstein in der Hand hältst, kannst du dich von ihm auch zu seinem Bestimmungsort „führen" lassen. Gehe intuitiv in die Richtung und lege den Stein entsprechend ab. Wenn du dich dann wieder zurück in die Mitte stellst, überprüfst du, ob sich der Ort passend anfühlt.

Die folgenden drei Edelsteine sind bestens dafür geeignet, erste Erfahrungen mit dem Aufstellen von Edelsteinen im Raum zu sammeln.

Der Rosenquarz wurde nicht ohne Grund schon mehrfach erwähnt als ein Heilstein, der sich auf das Raumklima besonders positiv auswirken kann. Er hat die Eigenschaften, sehr harmonisch auf das Zimmer zu wirken sowie Energien gleichmäßig zu verteilen. Je größer der Rosenquarz ist, desto besser kann er auch bei der Neutralisierung von Elektrostrahlungen helfen. Da seine gespeicherte Information unter anderem die Liebesenergie ist, kann er die Beziehungsqualität anheben.

Der Bergkristall hilft ebenso, negative Energien abzuleiten, weshalb auch er am Arbeitsplatz gut helfen kann, vor Strahlungen des Internets und der Elektrogeräte zu schützen. Oft werden auch wichtige Entscheidungen am Schreibtisch oder beim Familienrat am Küchentisch getroffen. Dort einen Bergkristall zu positionieren, könnte eine große Unterstützung sein, um mit klarem Verstand und optimistischer Sichtweise zu beraten. Seine Energie ergänzt sich perfekt mit der Kraft des Rosenquarzes und des Amethysts.

Der Amethyst hilft dabei, die Konzentration zu fördern, da er den Geist von gerade unwichtigen Gedanken befreit. Der Schreibtisch bildet daher auch für ihn einen guten Ort, um positiv auf die Arbeitsprozesse einzuwirken. Die elektrische Strahlung von Computern, TV-Geräten und Druckern absorbiert die Energie im Raum und gibt auch negative Strahlung zurück. Der Amethyst hilft auch hier, diese zu klären.

Das Aufstellen von Heilsteinen könnte auch zeitlich begrenzt stattfinden. Sobald du deine persönliche Sammlung erstellt hast, oder wenn du mit einem besonderen Stein zusammenarbeiten möchtest, kannst du für Entspannungsübungen wie Yoga, bei Atemtechniken oder Meditationen einen Steinkreis errichten, in dem du sitzend oder liegend mit der Energie des Steines oder der Steinmischung arbeiten kannst. Steinkreise sind von jeher eine besondere Aufstellungsweise, um die Kraft in seiner Mitte zu zentrieren und zu nutzen. Wie groß dein Steinkreis dabei ausfällt und wie viele Steine du integrierst, solltest du intuitiv bestimmen. Diese Steinkreise können auch helfen, wenn sich ein Raum besonders negativ oder energetisch verschmutzt anfühlt. Versuche dann, dort regelmäßig deinen Steinkreis aufzubauen und einige Minuten darin in Ruhe und Konzentration zu verweilen. Mit der Zeit sollte die so aufgebaute Energie auf den Raum übergehen.

Das Schlafzimmer ist für viele ein sehr sensibler Ort. Er dient der Regeneration, Erholung und Entspannung. Daher sollte darauf geachtet werden, dass Störungsquellen wie Elektrogeräte und WLAN-Strahlen hier von Grund auf beseitigt werden. Dieser Raum erfordert auch besonderes Fingerspitzengefühl beim Aufstellen von Heilsteinen. Während in anderen Räumen Rosenquarz, Bergkristall und größere Amethystdrusen besonders positiv wirken können, würden sie in der Nähe des Bettes zu anregend wirken und könnten das Einschlafen und deinen erholsamen Schlaf stören. Doch es gibt andere Heilsteine, die an diesem Ort positive Wirkungen auf die Schlafqualität haben können. Konzentriere dich hierbei auch lieber auf einen Heilstein, statt mehrere zu kombinieren, da unterschiedliche Informationen kollidieren und zu Unruhe führen könnten. Wenn du den passenden Heilstein ausgewählt hast, kannst du ihn neben dem Bett platzieren oder einen Trommelstein unter dein Kopfkissen legen. Folgende Tabelle möchte dir einige Heilsteine, die du schon kennst, aber auch neue vorstellen, die einem erholsamen Schlaf zuträglich sind und sich für das Aufstellen im Schlafzimmer besonders gut eignen.

Edelsteine	Wirkung für den Schlaf
Achat	Der Achat möchte Geborgenheit vermitteln, was für Erwachsene, aber vor allem für Kinder sehr wohltuend ist, wenn sie sich in die warme Schlafdecke einkuscheln. Gleichzeitig ist er auch ein guter Schutzstein. Gerade nachts neigen wir dazu, beim Einschlafen zu beginnen, den Tag zu verarbeiten. Das ist der Moment, in dem die Gedanken so stark kreisen können, dass ein Einschlafen unmöglich wird. Der Achat hilft hier, diese Denkstrukturen zu vereinfachen und sich wieder zu zentrieren. So kann der Schlaf regenerierend und tief werden. Dies unterstützt auch dabei, Erlebnisse und Erinnerungen in Träumen leichter verarbeiten zu können. Dieser Heilstein soll auch helfen, wenn man nachts wach wird und nicht mehr einschlafen kann. Er begünstigt das Durchschlafen bis zu jenem Zeitpunkt, an dem Körper und Geist optimal Kraft getankt haben.
Amazonit	Der Amazonit fördert einen erholsamen und tiefen Schlaf, da er innere Unruhen besänftigt. Bei leichten Erkrankungen wie z. B. einer Erkältung kann er zu einem regenerierenden Schlaf beitragen und helfen, die Lebensenergie erneut aufzuladen.

Aventurin	Aventurin hilft vor allem beim Einschlafprozess. Er besänftigt hartnäckige Gedanken, Bilder und Gefühle, die das entspannte Hinübergleiten in den erholsamen Schlaf verhindern können. So können sich Ruhe und Gelassenheit einstellen. Da er die Individualität und Persönlichkeit stärkt, können Sorgen und Probleme besser losgelassen werden.
Chalzedon	Bestimmte Lebenssituationen anzunehmen, fällt manchmal schwer und sie können zu einem Widerstand oder einer Blockade führen, die auch den Schlaf beeinträchtigen. Der Chalzedon hilft hier, Denk- und Handlungsmuster zu vereinfachen und besser annehmen zu können, was gerade ist. Wenn der Widerstand sich auflöst, kann innere Ruhe einkehren und dies den Schlaf begünstigen. Während der Schlafenszeit wirkt seine Energie auf das Immunsystem und steigert so die Abwehrkräfte. Auch wird ihm eine entzündungshemmende Wirkung zugeschrieben, was während der körperlichen Regenerationsprozesse im Schlaf positive Auswirkungen auf die Gesundheit haben kann.
Chrysopras	Chrysopras hilft bei aufkommenden Albträumen und fördert das Durchschlafen. Das kann auch Kindern sehr helfen. Auf geistig-seelischer Ebene wirkt er reinigend, was sich entsprechend auf die Träume auswirken kann. Er fördert das Selbstvertrauen, Geborgenheit und hilft vor dem Schlafen, loszulassen, Ängste abzubauen sowie sich vertrauensvoll dem Schlaf hinzugeben.
Selenit	Selenit fördert einen tiefen und erholsamen Schlaf. Er bietet Schutz vor allem für Menschen mit sehr sensitiven Wahrnehmungen.
Turmalin schwarz (Schörl)	Der schwarze Turmalin schützt vor Strahlungen und entstört so den Raum. Somit verbessert er den Schlaf und verhilft zu einer schnelleren Entspannung. Man kann besser ein- und durchschlafen.

Heilsteinmeditation

Meditation ist eine wundervolle Möglichkeit, um dich in Kontakt mit dir selbst und deinem Heilstein zu bringen. Täglich etwa 20 Minuten praktiziert, kann sie deinen Tagesverlauf positiv beeinflussen und du gehst gelassener und zentrierter an deine alltäglichen Aufgaben heran. Mittlerweile ist bekannt und auch wissenschaftlich belegt, dass Meditation einen sehr heilsamen Effekt hervorrufen kann. Wenn du noch keine Meditationserfahrungen hast und jetzt Lust bekommen hast, mit deinem Heilstein oder in einem Heilsteinkreis zu meditieren, können dir folgende Erklärungen helfen.

Meditation bedeutet ein Zur-Ruhe-Kommen des Geistes, den inneren Raum entdecken, genau zu lauschen und das Selbst bewusst wahrzunehmen. Bei der Meditation mit einem Heilstein kann auch ein Ziel sein, seine Energie und Informationen erspüren und diese Qualitäten in sich aufnehmen zu können. Der Geist wird mit regelmäßiger Meditationspraxis klarer und entspannter, was dir dabei helfen kann, Gedankenspiralen und -muster, die fortwährend deine Aufmerksamkeit und damit auch Energie fordern, zunehmend zu ordnen und zu beruhigen.

Meditation ist eine jahrtausendalte spirituelle Technik, die sich ursprünglich in verschiedenen Religionen und Kulturen, wie z. B.

der Yogatradition, entwickelte. Aber auch in den unterschiedlichen Religionen, wie z. B. dem Christentum, ist das Meditieren nicht unbekannt, um sich dadurch mit dem Göttlichen zu verbinden. Manche spirituellen Wege sehen in der Meditation den Schlüssel, um zur Erleuchtung zu gelangen. Auch die Medizin hat erkannt, dass sich durch Meditation Stress und Ängste reduzieren lassen, was der Gesundheit sehr zuträglich ist. Daher findet diese geistige Entspannungstechnik zunehmend Akzeptanz und Anerkennung inmitten der Gesellschaft.

Verschiedene Meditationstechniken wollen helfen, selbstständig und eigenverantwortlich Körper, Geist und Seele in Harmonie zu bringen. Menschen, die regelmäßig meditieren, reinigen ihr Inneres. Dadurch etablieren sich eine positivere Denkweise und emotionale Stabilität, was das Stressempfinden signifikant verbessern kann. Der Alltag wird achtsamer wahrgenommen und somit auch die eigenen Bedürfnisse. So lassen sich die täglichen Herausforderungen mit mehr Geduld und Flexibilität händeln. Während der Meditation wird die Ausrichtung auf das wirklich Wichtige im Leben stärker fokussiert, sodass Gedanken und Emotionen weniger das Handeln bestimmen, indem sie uns agieren lassen, sondern wir lernen zunehmend, wie wir sie verarbeiten und damit souverän reagieren können. Daher bildet Meditation auch einen Weg der Selbstermächtigung, den du für dich gehen kannst.

Wie kannst du nun mit dem Meditieren beginnen? Am besten wäre es, zunächst täglich kleine Zeiteinheiten in deinen Tag einzubauen. Allmählich merkst du, dass du ruhiger und zentrierter bist, sobald du in die Meditation gehst. Äußerst hilfreich ist es, die Meditation an eine feste Tageszeit zu koppeln. Überlege einmal, wann du dir und deinem Heilstein eine ungestörte Zeit widmen kannst, in der dich niemand stören wird. Erleichternd kann auch ein fester Ort sein, an dem bereits das Meditationskissen bereitliegt oder ein Stuhl steht, auf dem du dich jeden Tag zur Meditation hinsetzen kannst.

Die unterschiedlichen Heilsteine haben eine sehr individuelle Botschaft für dich und können dir dabei helfen, energetische Blockaden aufzuspüren und zu lösen, Beschwerden zu lindern und dein Bewusstsein zu erweitern. Wie du deinen passenden Meditations- bzw. Heilstein findest, konntest du bereits erfahren. Eine Möglichkeit bildet die Recherche ihrer Wirkungsweisen, sodass du die passende Heilenergie für dich entdecken kannst. Ein anderer Weg ist der intuitive Zugang, bei dem du dich zu deinem optimalen Stein „führen" lässt aufgrund von Attraktion, Sinneseindrücken etc. Eine weitere Methode könnte sein, den richtigen Stein für dich auszupendeln. Wenn es sich über einem Heilstein nach rechts dreht, ist es dein Meditationsstein. Bei einer Linksdrehung des Pendels ist es eine Verneinung.

Nimm entweder deinen bereits ausgesuchten Heilstein oder wähle einen speziellen Meditationsstein aus und halte ihn zunächst in der Hand. Spüre, ob er sich der Wärme deines Körpers anpasst oder kalt bleibt. Bleibt er kalt, ist er gerade nicht der passende Stein für eine Meditation. Da jeder Edelstein seine eigene Energie hat, kann diese auf deine Meditation einwirken. Du hast daher die Möglichkeit, deinen Meditationsstein danach auszuwählen, mit welcher Energie du dich gerade aufladen möchtest. Daher folgt hier noch einmal eine kleine Übersicht für dich:

Edelsteine	Qualitäten für die Meditation
Bergkristall	Klarheit, spirituelles Wachstum
Aquamarin	Selbstvertrauen, Mut, Intuition, Gelassenheit, Friede
Hessonit	Verbundenheit mit dem Göttlichen, Versenkung
Amethyst	beruhigt und reinigt Gedanken, Bewusstsein, innerer Frieden
roter Jaspis	Verbundenheit mit allem Leben, Klärung Geist, schütz die Aura
Fluorit	Neubeginn, Lernen, Angst vor Prüfungen
Rosenquarz	Harmonie, Liebe, Mitgefühl
Achat	Stabilität, Geborgenheit, Selbstreflektion
Tansanit	höhere Erkenntnis, Gedankenlosigkeit
Rubin	Leidenschaft, Lebensfreude.
versteinertes Holz	fördert Visionen, Erdung, Zentriertheit
Lapislazuli	höhere Erkenntnis, eigene Wahrheit erkennen, Kommunikation

Es gibt verschiedenste Meditationstechniken, bei denen der mentale Fokus auf eine bestimmte Sache wie z. B. ein Mantra oder den Atem gelenkt wird. Bei einer Heilsteinmeditation kann der Stein dein Anker sein, der dich immer wieder zurückkehren lässt zu seiner energetischen Signatur, wenn Gedanken deine Aufmerksamkeit einfordern wollen. Er hilft dir, die Energien erneut zu bündeln. Versuche, die Schritte einer ersten Meditation mit deinem Heilstein zu vollziehen. Er steht dir nun zur Seite mit seiner Intention und speichert gleichzeitig die Kraft deiner Meditation in sich ab. Lies dir dafür vorher alles genau durch, damit du anschließend mit geschlossenen Augen rein geistig durch die Meditation gehen kannst.

1. Bevor du mit deiner Meditation beginnst, solltest du den Edelstein unter fließendem, warmem Wasser reinigen, damit dich keine Fremdenergien stören können.

2. Beseitige nun mögliche Störfaktoren z. B. das Handy und bereite deinen Sitzplatz vor. Auch ein Räucherstäbchen, eine Duftlampe oder eine Kerze können dir dabei helfen, eine entspannte Atmosphäre zu schaffen.

3. Wähle ein kleines Anfangsritual, das den Beginn deiner Meditation signalisiert! Vielleicht hast du eine Klangschale, deren Ton nun erklingt. Auch ein paar tiefe, bewusste Atemzüge in den Bauch können deinem Körper und deinem Geist signalisieren, dass nun die Meditation beginnt.

4. Sitze mit geradem Rücken auf deinem Kissen oder Stuhl. Deine Beine können im Schneidersitz gekreuzt sein. Wähle für deinen Sitz eine Variante, in der du ohne Bewegung 10 bis 20 Minuten lang gut sitzen bleiben kannst. Stelle deinen Timer entsprechend ein oder meditiere nach Gefühl!

5. Bilde mit den Händen eine Schale, in der jetzt dein Edelstein liegt. Du kannst ihn mit beiden Händen umschließen oder in deiner offenen Handschale liegen lassen.

6. Schließe sanft die Augen! Lasse den Atem frei und natürlich fließen!

7. Konzentriere dich auf deinen Heilstein in den Händen und beobachte, welche Gedanken, inneren Bilder, Gefühle und Emotionen auftauchen wollen. Diese Beobachtung erfordert keine Wertung und auch keine Handlung. Heiße willkommen, was da ist, und halte nicht daran fest.

8. Es kann sein, dass schnell erste Gedanken aufkommen. Baue keinen Widerstand gegen sie auf, denn das würde deine Konzentration bündeln. Nimm kurz Notiz von ihnen und lasse sie dann los. Das kann ein wenig Übung erfordern. Mit jeder Heilsteinmeditation wird es dir aber leichter fallen, sie durch dich fließen zu lassen und mit

der Aufmerksamkeit immer wieder zu deinem Stein in den Händen zurückzukehren.

9. Sobald das Signal deines Timers erklingt oder deine innere Uhr das Ende der Meditation anzeigt, solltest du die Augen noch nicht sofort öffnen oder aufstehen. Nimm dir die Zeit, erst wieder in deinem Körper und im Raum anzukommen. Hast du eine Idee für ein kleines Abschlussritual? Vielleicht noch einmal ein sanfter Gong, oder du bedankst dich mit einer Geste bei deinem Edelstein. Finde deinen eigenen Weg, die Meditation so angenehm und gleichzeitig motivierend wie möglich zu gestalten, sodass es dir leichtfällt, täglich diese wundervolle Zeit für dich und deinen energetischen Helfer zu nutzen.

Eine besondere Variante der Heilsteinmeditation ist es, in einem zuvor gelegten Steinkreis zu meditieren. Dafür wählst du mehrere Heilsteine aus, mit denen du einen Kreis um dich legst. Baue diesen Steinkreis Schritt für Schritt auf, indem du jeden Edelstein bewusst in die Hand nimmst und anschließend deiner Intuition folgend im Kreis positionierst.

Wenn du analytischer vorgehen möchtest, kannst du zunächst Steine für die vier Himmelsrichtungen auswählen und entsprechend legen. Die gewählten Edelsteine können dafür nach folgendem Vorschlag ausgesucht werden:

Norden: Verstandesebene – welcher Heilstein entspricht deinem aktuellen Thema, das du bearbeiten möchtest?

Osten: Geistige Welt – dieser Edelstein wird per Zufall gewählt bzw. von der geistigen Welt zugeordnet.

Süden: Seele – welcher Stein zieht aufgrund seines Aussehens, seiner Farbe und Form sofort dein Interesse an?

Westen: Körper – schließe die Augen und lasse deine Hand und damit deine Körperintelligenz den passenden Stein finden.

Richte dich nach Norden aus und schließe die Augen. Bitte die Steine darum, ein starkes energetisches Feld um dich herum aufzubauen, das dich während der Meditation schützt. Gehe über in die beobachtende Haltung und nimm wahr, was dir deine ausgewählten Steine mitteilen möchten.

Nach einer Meditation ist der beste Zeitpunkt, um deine Erkenntnisse und Erfahrungen kurz zu notieren. Nutze dafür z. B. dein angelegtes Heilsteinetagebuch und reflektiere u. a. mit folgenden Fragen:

- In welcher Verfassung habe ich die Meditation begonnen?
- Welche Gedanken kamen auf?
- Gab es innere Bilder, die meine Aufmerksamkeit erregten?
- Bündelten gewisse Gefühle und Emotionen meine Konzentration?
- Wie konnte ich die Energie der Edelsteine/des Edelsteins spüren?
- Welche Veränderungen nehme ich nach der Meditation wahr?
- Gibt es eine Erkenntnis aus der Meditation?
- Leitet sich aus dieser Erkenntnis eine Handlung für mein Leben ab?

Steine strahlen von sich aus eine gewisse Ruhe aus. Stell dir nur mal vor, wie viele Jahrtausende dein Stein bereits meditiert hat, in Stille, unter oder über der Erde. Spannend ist es, sich vorzustellen, was er in seiner Zeit wohl schon alles gesehen und erlebt hat. Je öfter du dich in der Meditation mit deinem Heilstein verbindest, desto mehr lernst du ihn auf allen Ebenen kennen und schätzen. Schließlich kannst du viel von ihm lernen. Mit fortschreitender Meditationspraxis merkst du, dass du immer präsenter, zufriedener und in dir ruhender wirst. Und so lernst du mit der Zeit nicht nur deinen auserwählten Stein immer besser kennen, sondern auch dich selbst und deine wahre Natur. Auch teilst du in diesen Meditationen die Erfahrung deiner Vorfahren aus Jahrtausenden, die sich überall auf der Welt und in verschiedensten Kulturen mit den Edelsteinen beschäftigten und auf kontemplative Weise ihre

Magie spürten. Es führt dich zurück in die Zeit spiritueller Rituale und Zeremonien und lässt erahnen, welche Anziehungskraft diese besonderen Steine schon immer auf die Menschen hatten. Es besteht eine Kommunikationsebene zwischen Mensch und Stein. Sein Energiefeld interagiert mit unserem. Sichtbar ist es nicht, aber spürbar, wenn du dich öffnest für ihre ganz eigene Sprache.

Heilsteine für Fortgeschrittene

Du konntest jetzt bereits viele Möglichkeiten kennenlernen, um dich mit der magischen Energie der Heilsteine zu verbinden. Mit der Zeit wirst du immer sicherer im Umgang mit ihnen und kannst ihre Botschaften für dein Leben einordnen. Du schulst deine Intuition, öffnest neue Wege und setzt wichtige Heilimpulse auf allen Ebenen deines Daseins. In diesem Kapitel erfährst du, welche weiteren Wege sich anbieten, mit den Edelsteinen zu arbeiten. Sie entspringen alten Zeiten und beinhalten gesammeltes Wissen über ihre Wirkkraft. Beim Lesen wirst du spüren, ob dich ein Weg oder mehrere davon anziehen und du vielleicht in diese Richtung mit deinen bisher gesammelten Heilsteinerfahrungen weiterforschen möchtest. Wie bereits erwähnt, ist der Weg der Heilsteine ein Erfahrungsweg, der nicht empirisch untersucht und belegt werden kann. Du allein bestimmst die Richtung und die Intensität deiner Auseinandersetzung mit ihnen. Daher ist die Weiterarbeit mit einem Heilsteintagebuch sehr zu empfehlen, weil du darin deine komplette Entwicklung dokumentieren kannst. Mit der Zeit entsteht so dein persönlicher Wissensschatz aus Erfahrungen und Erkenntnissen, auf den du immer wieder zurückgreifen kannst. Das Erforschen der einzelnen Heilsteine soll dir Freude bereiten und deine Neugierde wecken. Scheue daher nicht vor kreativen Wegen zurück, wenn du verschiedene Dinge ausprobieren möchtest.

Heilsteine in der Ayurveda-Lehre

Mit der gesundheitlichen Wirkung von Heilsteinen befassten sich bereits vor über 6000 Jahren Menschen in Indien. Dort entstand die Lehre des Ayurveda, die in den vedischen Schriften niedergeschrieben wurde. Es ist eine Lehre über ein gesundes und langes Leben, die – neben der Ernährung und speziellen Massagen – auch den Heilsteinen eine wichtige Rolle zuspricht. Beschrieben werden verschiedene Anwendungsformen, die helfen sollen, den Menschen ganzheitlich zu betrachten, ihn wieder ins Gleichgewicht zu bringen, was bei Beschwerden oder einer Erkrankung gestört ist, und so Heilungskräfte zu aktivieren.

Die ayurvedische Medizin mit Einbezug von Heilsteinen ist auch sehr eng mit der vedischen Astrologie verknüpft, genannt Jyotish. Hier wird beschrieben, dass jedem Planeten ein bestimmter Edelstein zugeordnet wird. Zur Geburt standen diese in einer bestimmten Konstellation, sodass das Zusammenspiel der Gestirne und damit der zugeordneten Heilsteine eine große Rolle für die Gesunderhaltung und Genesung eines Menschen spielen kann.

Ursprünglich stammt die Kombination von Heilsteinen und Ayurveda aus dem Himalajagebiet. Dort nutzen Schamanen, Mönche und Priester bis heute die sogenannten „healing sticks".

Sie gelten unter den Menschen dort als ein Wunderwerkzeug für besondere Zeremonien und Heiltherapien. Jeder dieser Sticks besteht aus sieben bis neun Heilsteinen wie z. B. Bergkristall, Amethyst, Jade und Lapislazuli. Sie werden in jenen rituellen Zeremonien mit heiliger Energie aufgeladen, die mit den einzelnen Chakren unseres Körpers, den sogenannten Energierädern, verbunden ist. So werden Organe und Chakren mit ihrer Hilfe wieder ins Gleichgewicht gebracht, gereinigt und harmonisiert. Auch die Aura, das große Energiefeld, das den Menschen umgibt, wird damit behandelt.

Ziel ist es, die Lebensenergie (Prana) wieder zum Fließen zu bringen. Die Chakren spielen dabei eine besonders wichtige Rolle, transportieren sie doch diese Energie durch den menschlichen Körper, geben Energien ab und bringen auch wieder neue in den Körper. Alle sieben Hauptchakren und auch die Nebenchakren habe dabei jeweils ihre spezifische Aufgabe. Aufgrund von falscher Ernährung, Alkohol- und Nikotinkonsum und durch Umweltgifte werden sie geschwächt, sodass sie nicht mehr genug Lebensenergie für das menschliche System aufnehmen können. Dies führt laut Ayurvedalehre zu psychosomatischen Störungen und daraus resultierenden Krankheiten. Die Heilsteine können hier besonders gut helfen, um diese Chakrenenergien erneut ins Gleichgewicht zu bringen. Hierfür werden Meditationen genutzt, bei denen die entsprechenden Heilsteine auf den Körper gelegt werden, um die Verbindung zwischen Körper, Geist und Seele wiederherzustellen.

Die Ayurvedalehre unterscheidet auch in verschiedene Konstitutionstypen, den sogenannten Doshas. Sie können Aufschluss darüber geben, was ein Mensch an Ernährung oder eben an Heilsteinen braucht, um die innere Harmonie zu erhalten oder wiederherzustellen. Diese drei Konstitutionstypen ergeben sich aus einem Zusammenspiel von geistigen und körperlichen Veranlagungen. Die sogenannten Doshas unterteilen sich in Vata, Pitta und Kapha. Man geht im Ayurvedasystem davon aus, dass sich auch jedes Dosha mithilfe der Heilsteine harmonisieren lässt, was eine direkte Auswirkung auf das physische und psychische Wohlbefinden hat. Denn wenn das persönliche Dosha im Gleichgewicht ist, fühlt man sich so richtig wohl in seiner Haut. Durch Ölmassagen, Yogaübungen, Meditationen, Ernährungsempfehlungen und zusätzliche natürliche Nahrungsergänzungsmittel wird im Ayurveda sehr systematisch und genau an diesem Ziel gearbeitet.

Die Bestimmung des jeweiligen Konstitutionstyps bildet zunächst die wichtigste Aufgabe eines Ayurvedaarztes, um dem Patienten die passende und individuell auf ihn abgestimmte Therapie zusammenstellen zu können. Jeder Mensch ist einzigartig in seiner körperlichen, mentalen und seelischen Gestalt. Das Ayurvedasystem versucht daher, dieser Einzigartigkeit so gerecht wie möglich in seinen Behandlungen zu werden. Die Konstitutionstypen Vata, Pitta und Kapha steuern demnach sämtliche Funktionen innerhalb unseres Organismus. Das bedeutet, dass alle drei Konstitutionen zu einem gewissen Grad in uns veranlagt, aber unterschiedlich stark ausgeprägt sind. Die Definition von Gesundheit ist im Ayurveda daher, wenn der Mensch im Einklang mit diesen eigenen Konstitutionen ist. Demzufolge entstehen Krankheiten, körperlicher oder psychischer Art, dann, wenn diese Kräfte entgleisen. Wenn du deinen persönlichen Konstitutionsstein nach Ayurvedalehre kennenlernen möchtest, gibt es verschiedene Tests, um zunächst deinen Konstitutionstyp bzw. eine Mischform herauszufinden. Oft dominiert eine Konstitution, die es dann auszugleichen gilt. Du kannst einen entsprechenden Test kostenlos online durchführen. Anhand vieler verschiedener Fragen kannst du bereits ein Gespür dafür bekommen, welche dieser drei Kräfte bei dir besonders ausgeprägt ist. Wenn du eine sehr ausführliche und spezifische Konstitutionsbestimmung wünschst, kann dies ein geschulter Ayurvedaarzt durch eine Untersuchung analysieren.

Allgemein lassen sich den einzelnen Doshatypen folgende Eigenschaften zuschreiben:

Menschen mit dominierender Vata-Konstitution sind oft sehr schlanke und zartgliedrige Menschen mit einem eher schmalen Körperbau. Meist haben sie eine sehr sensible Persönlichkeit. Sie fühlen sich zur Kunst hingezogen und besitzen grundsätzlich viele verschiedene Interessen und Talente, was ihre große Neugierde und ihren Aktivitätsdrang widerspiegelt. Äußerst sensibel reagiert ihr Verdauungssystem, das schnell auf falsche Ernährung, Stress,

Anspannungen und Ängste reagiert. Das gesamte Nervensystem ist empfindsam und leicht überreizt. Kälte und Wind machen Vata-Menschen so richtig zu schaffen. Das liegt auch daran, dass sie sich leicht und oft Erkältungskrankheiten zuziehen. Sonne, Wärme und Licht lassen ihren Körper und Geist so richtig erblühen. Grundsätzlich neigen sie schneller zu Erkrankungen, da ihr kompletter Bewegungsapparat und ihre inneren Organe störanfällig sind. Verdauungsbeschwerden, Erschöpfung, Nervenschmerzen, Schlafstörungen und Ängste treten daher recht häufig auf. Menschen mit starkem Vata sind Meister der Kommunikation, denn sie sind aufgeschlossen und knüpfen leicht Kontakte. Sie können eigentlich über alles reden. Sie sprudeln nur so vor kreativen Ideen und lernen gerne neue Dinge. Oft wenden sie sich mehreren Projekten gleichzeitig zu, was aber nach sich zieht, dass bei keinem der vielen Projekte die volle Konzentration bleibt. Manchmal kann genau das zur Überlastung führen. Doch das ist der Preis, den der Vata-Konstitutionstyp bezahlt, um nicht in Langeweile und Routine zu versinken.

Pitta-Menschen sind besonders energetische Menschen. Nicht selten kommt es vor, dass sie erfolgreich sind und im Rampenlicht stehen. Es scheint fast so, als stünde ihnen ein unerschöpfliches Reservoir an Energie zur Verfügung. Daher sind sie auf allen Ebenen sehr leistungsfähig. Innere Hitze bewirkt, dass sie eine besonders gute Verdauung haben, einen schnellen Stoffwechsel und eigentlich so gut wie nie frieren. Menschen mit Pitta-Konstitution findet man oft bei sportlichen Aktivitäten, wo sie ihre Restenergie des Tages gerne noch auspowern. Diese innere Hitze überträgt sich auch auf ihre Sprache, denn sie können besonders gut argumentieren, klar und deutlich ihren Standpunkt darlegen. Es kommt daher oft vor, dass sie als Redner bei Versammlungen und Diskussionen kräftig mitmischen. Ist die Pittaenergie aus dem Gleichgewicht, kommt es meist zu Hauterkrankungen. Auch innere Entzündungsherde und Leberprobleme können gesundheitliche Schwierigkeiten verursachen.

Kapha-Typen zeigen sich eher gemütlich, sowie innerlich besonders stark und stabil. Sie haut nichts so schnell um. Dies zeigt sich auch in ihrer körperlichen Struktur. Sie verfügen über einen kräftigen

Körperbau, ein gutes Immunsystem und wirken immer sehr ruhig und ausgeglichen. Es sind Menschen die, wenn ihre Konstitution im Gleichgewicht ist, eine sehr zufriedene und sichere Persönlichkeit aufweisen. Daher sind sie auch selten anfällig für psychische Störungen. Zwar neigen sie etwas zur Bequemlichkeit und haben nicht so viel Antriebskraft, sind aber in Beziehungen aller Art besonders loyale, treue und zuverlässige Personen. Auch wenn Menschen mit Kapha-Konstitution nur wenig essen, besitzen sie die Tendenz zu leichtem bis starkem Übergewicht. Sie haben zwar grundsätzlich eine große Widerstandskraft gegen Krankheiten, allerdings können aufgrund von Fettleibigkeit vermehrt Diabetes, Blutdruckerkrankungen und Beschwerden der Atemwege auftreten.

Welche Heilsteine helfen nun dem jeweiligen Konstitutionstyp, um im Gleichgewicht zu bleiben?

Ayurveda Konstitutionstyp	Positive Eigenschaften	Mögliche Symptome bei Störungen	Stärkende und ausgleichende Heilsteine
Vata	– geistige Klarheit – Energie – Freude – Aktivität – Neugierde – Kreativität – kommunikativ	– Verdauungsprobleme wie Blähungen – allgemeine Anfälligkeit gegen Krankheiten, Überforderung, Erschöpfung – Erkrankung Nervensystem – kälteempfindlich	– Topas – Amethyst – Rubin – Smaragd – Malachit

Pitta	– starke Argumentation – viel Energie – stark und sportlich – Verdauungskraft – guter Stoffwechsel – scharfer Intellekt	– Hautkrankheiten – Entzündungsprozesse – Leberprobleme	– Rosenquarz – Aquamarin – Mondstein – Hämatit – Smaragd – Diamant
Kapha	– starkes Immunsystem – emotionale Stabilität – geduldig – kräftig – treu und loyal – in sich ruhend	– Diabetes – Atemwegserkrankungen – Bluthochdruck – Fettleibigkeit	– Rubin – Opal – rosa Granat

Vielleicht bist du nun neugierig geworden und möchtest noch mehr über die Ayurvedalehre erfahren. Fakt ist, dass es ein besonders ausgeklügeltes System ist, das den Menschen in den Mittelpunkt stellt. Es werden die Ursachen für Krankheiten behandelt, sodass Heilung auf einer ganzheitlichen Ebene stattfinden kann. Die Empfehlungen des Ayurvedas sind gut im Alltag umzusetzen und reichen von Körperreinigungsritualen, über ayurvedische Rezepte bis hin zu wohltuenden Selbstmassagen. Ergänzt durch Meditationen mit dem passenden Konstitutionsheilstein oder dem Heilstein getragen/aufgelegt auf dem Körper, können Körper, Geist und Seele wieder in Balance gelangen.

Heilsteine für Chakren

Das Wort „Chakra" hast du womöglich schon einmal gehört im Zusammenhang mit Yoga, Meditation und der Ayurvedalehre. In diesem Kapitel erfährst du noch ausführlicher, worum es in der Chakrenlehre geht, wie sie mit der Heilsteinlehre zusammenhängt und welchen Nutzen sie dir für deine Praxis mit den Heilsteinen bringen kann.

Chakren sind in unterschiedlichen spirituellen Lehren, wie z. B. der Yogaphilosophie, bekannt als unsichtbare Energiezentren des Körpers, die über zahlreiche Energiekanäle miteinander verbunden sind. Chakra bedeutet übersetzt „Rad", in diesem Fall ein sogenanntes Energierad. Sie drehen sich fortwährend und nehmen dabei kosmische Energie auf. Die Yogaphilosophie spricht hierbei von sieben Hauptchakren, die sich entlang unseres Hauptenergiekanals, der Wirbelsäule, befinden. Doch diese Energiewirbel nehmen nicht nur Energie von außen auf, sondern geben auch wieder welche ab. Zusätzlich korrespondieren sie untereinander und stehen in einem Verbund zueinander, sodass sie sich gegenseitig energetisch bedingen. Im gesamten Körper existiert ein Einergiebahnensystem von mehr als 72.000 Leitungen, den sogenannten Nadis. Dieses feine Netzwerk dient als Verteiler. In der traditionellen chinesischen

Medizin werden diese als Meridiane bezeichnet, auf denen sich entsprechende Akupunkturpunkte befinden. Neben der Hauptenergiebahn in der Mittelachse unseres Körpers, genannt Sushumna Nadi, die den Rückenmarkskanal bezeichnet, existieren noch zwei weitere Hauptenergiekanäle, die in Kurvenbewegungen entlang unseres Rückens verlaufen. Ida Nadi, das Prinzip des Mondes und damit die weibliche Energie, entspringt aus dem linken Teil des Körpers. Pingala Nadi, das Prinzip der Sonne und damit die männliche Energie, entspringt dementsprechend aus dem rechten Teil des Körpers. An mehreren Knotenpunkten, den sogenannten Grantis, kreuzen sich diese beiden.

In den traditionellen spirituellen Lehren spricht man von einem erleuchteten Menschen, wenn all seine Energiezentren vollständig geöffnet sind und die Lebensenergie ungehindert fließen kann. Das Bewusstsein steigt mit zunehmender Öffnung immer mehr an. Dieser Prozess wird jedoch durch eine ungünstige Lebensführung, wie z. B. schlechte Ernährung, negative Gedanken und Taten, ein schlechtes Umfeld etc., behindert. Wenn die Chakren dadurch nicht mehr optimal mit Energie versorgt werden, verbrauchte Energie nicht abtransportiert wird und sich sogar die Drehrichtung ändert, kann dies zu einem niedrigen Energielevel führen, welches Tür und Tor für körperliche Beschwerden und psychische Erkrankungen öffnet.

Jeder Mensch hat allerdings die Möglichkeit, seine Chakren zu pflegen und so auf verschiedene Arten positiv zu beeinflussen. Dadurch erhöht sich der Energiefluss wieder, die Chakren werden reaktiviert oder sogar ganz geöffnet. Durch gezielte Yoga- und Atemübungen sowie Meditation gibt die indische Yogalehre den Menschen Methoden an die Hand, mit mehr Energie und im Gleichgewicht leben zu können. Und auch die Heilsteine finden ihren Einsatz in der Chakrenarbeit. Denn Steine besitzen, wie auch die Energiefelder des Menschen, bestimmte Schwingungen und Aspekte, die mit jenen der Chakren korrespondieren. Da Steine die Fähigkeit besitzen, diese Informationen auf uns zu übertragen, ist es auch möglich, die jeweiligen Energieräder entsprechend positiv zu beeinflussen. Die klassische Variante ist dabei, den entsprechenden Heilstein auf die Körperregion zu legen, in der das Chakra arbeitet. So kann es stimuliert werden und mit dem Edelstein in Resonanz gehen. Das funktioniert auch deshalb, weil unserem Energiesystem bestimmte Schwingungsfrequenzen zugeordnet sind. Über Schall bzw. Tonfrequenzen mithilfe von Klangschalen, oder über Farbfrequenzen des Lichts werden die Chakren angesprochen. Das Gleiche geschieht durch die Farbgebung und Bestandteile der Heilsteine. Jede Farbe des Sonnenlichts verfügt über eine ganz eigene Frequenz bzw. Wellenlänge. Dies wird sichtbar, wenn z. B. ein Regenbogen am Himmel erscheint, oder Sonnenstrahlen durch ein Glasprima fallen. Dann erscheinen plötzlich Farben wie Dunkelrot, Orange, Gelb, Grün, Hellblau, Blau und Violett.

In der Heilsteinkunde kommt der Farbgebung der Edelsteine ebenfalls eine therapeutische Rolle zu, da sie diese bestimmten Schwingungsfrequenzen aufweisen. Und so ist es möglich, dass die Farbe eines Edelsteins mit der Farbfrequenz eines Chakras harmoniert. Bei der Auswahl der Heilsteine für eine Chakrenbehandlung spielt die Farbe daher eine wesentliche Rolle.

Da sich die Chakren entlang der energetischen Mittelachse befinden, strahlen sie von dort nach vorne und nach hinten aus, sodass ein Auflegen der Heilsteine auf beiden Körperhälften sinnvoll erscheint. Die Edelsteine wirken jedoch auch dann, wenn sie nicht direkt auf dem zu behandelnden Chakra aufliegen, sondern in der Hand gehalten werden, in einem Steinkreis meditiert wird oder ein Chakra-Spray über den Körper verteilt wird. Auch das Trinken von speziell hergestelltem Edelsteinwasser mit den entsprechenden Chakrasteinen reinigt, stärkt und aktiviert das Chakra bzw. die Chakren.

Folgende Tabelle zeigt dir die einzelnen Chakren, ihre speziellen Themen und Funktionen sowie die entsprechenden Heilsteine auf:

Name Chakra	Farbe	Lage	Themen	Heilstein
Wurzelchakra (Muladhara Chakra)	Rot	zwischen Anus und Genitalien	Instinkt Vertrauen Stabilität physischer Körper Vitalität Tatkraft	roter Jaspis roter Achat Granat Rubin
Sakralchakra (Svadishthana Chakra)	Orange	unterhalb des Bauchnabels	Sexualität Gefühle Kreativität Emotionen Freude Hoffnung	Beryll Karneol oranger Jaspis Orangencalcit
Solarplexuschakra (Manipura Chakra)	Gelb	Höhe des Magens	Sitz der Persönlichkeit Wille Macht Verarbeitung von Erlebnissen und Gefühlen Unterbewusstsein	Bernstein Calcit gelb Tigerauge Topas gelber Turmalin Citrin
Herzchakra (Anahata Chakra)	Grün	Mitte der Brust auf Höhe des Herzens	Mitgefühl Liebe Wahrnehmung von Schönheit Harmonie	Saphir Aventurin Jade Moosachat Olivin Chrysokoll Smaragd Rosenquarz

Halschakra (Vishuda Chakra)	Hellblau	Kehlkopf	Kommunikation Selbstbestimmung Selbstverwirklichung Inspiration	Aquamarin Chalzedon Larimar Türkis Apatit blauer Achat
Stirnchakra (Ajna Chakra) drittes Auge	Dunkelblau oder Violett	Mitte der Stirn	Sitz des Geistes Erkenntnis Verstand Wahrnehmung Öffnung zur Seele	Lapislazuli Sodalith Amethyst Saphir Fluorit
Scheitel- oder Kronenchakra (Sahasrara Chakra)	Weiß	Scheitel	Spiritualität Verbindung Geist und Seele Einheitsbewusstsein	Bergkristall Diamant

Um mit deinen Chakren arbeiten zu können, ist es zunächst einmal wichtig, herauszufinden, welches Chakra gerade deine besondere Aufmerksamkeit benötigt. Wenn du dir die Tabelle über die Chakren durchgelesen hast, kann es sein, dass dich bereits ein Chakra besonders anspricht, weil dir die Farbe gefällt, und du merkst, dass es Themen dieses Chakras gibt, die dich derzeit beschäftigen. Es ist auch möglich, dass dir immer wieder ein Heilstein mit derselben Farbe ins Auge sticht, sodass es sich lohnen kann, das dazu passende Chakra einmal näher zu betrachten. Grundsätzlich ist es jedoch auch möglich, allen Chakren die wohltuenden Energien der Heilsteine zukommen zu lassen, damit sie sich harmonisieren können. Hierfür hast du verschiedene Möglichkeiten.

Bei einer Chakra-Therapie mithilfe des Edelsteinwassers kann ein konkretes Chakra behandelt werden mittels einer dazu passenden Steinmischung. Da sich die einzelnen Chakren miteinander im permanenten Energieaustausch befinden, sollte diese Mischung einen passenden Stein für das zu behandelnde Hauptchakra enthalten, aber auch einen Edelstein für das darüber- und darunterliegende Chakra. Wenn du z. B. spürst, dass du dein Solarplexuschakra stärken solltest, könnte eine entsprechende Edelsteinwassermischung so aussehen: Citrin für das Solarplexuschakra, Aventurin für das Herzchakra sowie Karneol für das Sakralchakra. Lege die drei Steine etwa über Nacht direkt in Quellwasser oder verwende für die indirekte Energetisierung ein Reagenzglas. In der Regel dauert es etwa eine Woche, bis eine Veränderung in diesem Chakrenbereich spürbar ist. Trinke also jeden Tag mindestens ein Glas des Wassers und spüre nach, welche Veränderungen du wahrnimmst. Notiere es am besten in deinem Heilsteintagebuch. Im Falle des Solarplexuschakras könnte es sein, dass du dich allmählich selbstsicherer fühlst oder der Wille, ein Projekt zu beenden, zunimmt. So kannst du dir selbst für jedes Chakra eine spezielle Edelsteinmischung zusammenstellen. Zur Harmonisierung aller sieben Hauptchakren eignet sich eine Spezialmischung, in der alle Chakren durch einen Heilstein repräsentiert werden. Vergiss bei allen Mischungen nicht, dass manche Edelsteine als Wassersteine ungeeignet sind wie z. B. das Tigerauge.

Eine mögliche universale Chakren-Steinmischung wäre:

Edelsteinmischung Chakras:

Wurzelchakra: roter Jaspis

Sakralchakra: Orangencalcit

Solarplexuschakra: gelber Turmalin

Herzchakra: Rosenquarz

Halschakra: Sodalith

Stirnchakra: Amethyst

Scheitelchakra: Bergkristall

Aus dieser Chakrenmischung kannst du auch ein Körperspray herstellen, mit dem du dich mehrmals am Tag besprühen kannst, denn deine Aura ist ebenfalls direkt mit deinen Energiezentren verbunden. Achte darauf, dass deine Sprühflasche einen feinen Wassernebel produziert, sodass sich das Edelsteinwasser sehr fein verteilt. Durch das Besprühen der Aura und Chakren mit diesem Edelsteinwasser können diese energetisch positiv beeinflusst, ausgeglichen und harmonisiert werden. Dies merkst du z. B. daran, dass du nach dem Besprühen bessere Laune hast, dich lebendiger und stärker fühlst.

Eine weitere Möglichkeit, deinen Energiekörpern eine Wellnessbehandlung zu geben, ist das Auflegen entsprechender Steine auf die Körperstelle. Reinige dafür zunächst den Chakraheilstein bzw. die Chakraheilsteine, die du verwenden möchtest. Auch hier kannst du das darüber- und darunterliegende Chakra des zu behandelnden Hauptchakras mitbehandeln. Lege dich dafür am besten bequem auf den Rücken auf eine bequeme Unterlage. Achte darauf, dass dir während der Behandlung nicht kalt wird, und decke dich gerne zu. Konzentriere dich zunächst mental auf diesen Bereich deines Körpers. Kannst du hier ein Kribbeln oder Wärme wahrnehmen? Du kannst auch gerne einmal die Handfläche darüber halten oder auf deinen Körper legen, um direkten Kontakt aufzunehmen. Visualisiere die Farbe des Chakras, sodass du langsam in seine Schwingung eintauchen kannst. Lege dann behutsam deinen passenden Heilstein auf die Stelle, am besten mit direktem Hautkontakt. Schließe die Augen und lass die Energie erst einmal für sich wirken. Ähnlich wie bei einer Meditation beobachtest du als Zeuge, welche Gefühle, Emotionen, Bilder und Worte kommen möchten. Spüre, wann es Zeit ist, weitere Chakren zu behandeln. Deine Intuition wird dich auch hier leiten, ob du zuerst den Heilstein auf das darunter oder darüber liegende Chakra legen sollst. Lass dich bei diesen Anwendungen von deiner inneren Weisheit führen. Meist ist der erste Impuls, zu handeln, der richtige. Die Zweifel kommen erst, wenn der Verstand sich einmischt. Vertraue darauf, dass dein Körper dir genau zeigt, was er braucht.

Du hast ja bereits die Heilsteinmeditation kennengelernt, die du ebenfalls mit den Chakrasteinen vollziehen kannst. Dafür bietet sich die Meditation im Steinkreis, aber auch mit einzelnen Steinen in deiner Hand an. Fokussiere dich während der Meditation auf die heilenden Schwindungen des Heilsteins und seiner Farbe und fühle, wie dein Chakra oder deine Chakren sich dieser bedienen. Reflektiere anschließend wieder, wie du dich fühlst. In der Regel sollte eine entsprechende Behandlung oder Meditation immer erst dann beendet werden, wenn sich ein positiver Gemütszustand eingestellt hat.

Wenn du deine Heilsteinsammlung so weit erweitert hast, dass dir für jedes Chakra ein Edelstein vorliegt, kannst du Schritt für Schritt einen Chakren-Steinkreis um dich herum aufbauen. Die nachfolgende Meditation leitet dich durch alle Chakren hindurch. So schenkst du ihnen deine volle Aufmerksamkeit und lässt die Energie der Chakrensteine deine Energiezentren ausbalancieren. Bei dieser Übung konzentrierst du dich vor allem auf die Farben der Edelsteine, die den einzelnen Chakren entsprechen. Mache es dir also auf deinem Kissen oder Stuhl bequem und vollziehe dein kurzes Ritual zur Eröffnung der Meditation. Deine Heilsteine liegen in einem Bogen vor dir auf dem Boden.

Chakren-Heilstein-Meditation

Nimm deinen roten oder rotbraunen Stein für das Wurzelchakra in beide Hände. Spüre, wie er deinen Geist beruhigt, dich mit Mutter Erde verbindet. Versuche, sämtliche Anspannungen im Körper loszulassen, „weich" zu werden. Du bist sicher und behütet. Schließe nun die Augen und sende diese rote oder rotbraune Energie hinab in dein Wurzelchakra, bis du das Gefühl hast, die beschriebenen Qualitäten in dir aufgenommen zu haben. Dein Wurzelchakra erleuchtet in sattem Rot. Anschließend legst du ihn im Steinkreis vor dir ab.

Das nächste Chakra ist dein Sakralchakra, das durch einen orangefarbenen Stein symbolisiert wird. Spüre ihn in deinen Händen. Aus ihm fließt die Energie von Lebensfreude, Aktivität und Offenheit in dich. Du darfst wild und frei sein. Sende mit geschlossenen Augen die Farbe Orange in dein Sakralchakra, bis es strahlend erleuchtet und du diese Aspekte in dir fühlen kannst.

Danach legst du ihn im Steinkreis ab. Du kannst im Uhrzeigersinn vorgehen oder intuitiv seinen Platz dort bestimmen.

Dein gelber Chakrenstein steht für das Solarplexuschakra. Nimm ihn in beide Hände, wo er erstrahlt wie eine Sonne. Sie ist die pure Lebensenergie, die dir Freude und Glück bringt. Du hast einen starken Willen und weißt, was du im Leben willst. In diesem Chakra sammelt sich eine enorme persönliche Stärke, die dich antreibt, dich selbst zu verwirklichen. Schließe die Augen und lasse die Sonne in deinem Bauchraum erstrahlen, bis du dich stark und energiegeladen fühlst. Dann findet auch dieser Edelstein seinen Platz im Chakren-Steinkreis.

Das Herzchakra wird durch einen grünen Edelstein abgebildet. In deinen Händen entfaltet er Harmonie und Entspannung. Dein Herz öffnet sich mutig für all die neuen Situationen, Menschen, Tiere und Dinge in deinem Leben. Du bist ruhig und stark, weil du aus der Kraft deines Herzens lebst. Lass dein Herz das heilende Grün der Hoffnung in sich aufnehmen, bevor du den Stein dem Kreis hinzufügst.

Blau ist die Farbe des Halschakras, das kommunizieren möchte, was das Herz und der Verstand erfahren. Was ist wesentlich und möchte in die Welt gesprochen werden? Du kannst klar und wahrheitsgetreu ausdrücken, was dir wichtig im Leben ist, was du brauchst. Deine Entscheidungen dienen deiner Heilung, der Heilung anderer und der Heilung dieser Welt. Lass dich inspirieren und inspiriere auch andere für diesen gemeinsamen Weg. Lasse dieses leuchtende Blau in deinen Kehlraum fließen wie klares Wasser. Danach reiht sich dein blauer Chakrastein in den Steinkreis mit ein.

Dein drittes Auge, das Stirnchakra, wird repräsentiert durch einen violetten oder dunkelblauen Edelstein. Er trägt die Energie von Klarheit und Frieden in sich. Fantasievolle und kreative Gedanken dürfen in dein Leben strömen. Du bist geistig flexibel und kannst verschiedene Perspektiven einnehmen. Dadurch kannst du andere Menschen auch besser verstehen und empathisch reagieren. Mitgefühl und Feinfühligkeit für dich selbst und andere stellen sich ein. Visualisiere die Farbe Violett oder Dunkelblau vor deinem dritten Auge, der Stelle zwischen deinen Augenbrauen. Lege den Stein an seine Stelle im Steinkreis.

Das letzte Chakra strahlt von deinem Scheitel aus Richtung Himmel. Das Scheitelchakra, auch Kronenchakra genannt, vollendet den Steinkreis mit einem weißen oder transparenten Edelstein. Seine Energie der Klarheit und Ruhe strömt über deine Hände über die Wirbelsäule hinauf in das letzte Chakra. Alles, was ist, kannst du als Beobachter wahrnehmen. Du gewinnst Distanz zu Sorgen und Problemen. Aus dieser Perspektive wird dir einiges klar, du kannst neue Erkenntnisse erlangen. Überflüssige Gedanken verflüchtigen sich, sodass deine eigene Wahrheit zum Vorschein kommt. Tauche ein in diesen veränderten Bewusstseinszustand und dehne mental dieses weiße Licht, das aus deinem Scheitelchakra scheint, nach allen Seiten hin aus. Nun findet auch der letzte Stein in deinem Steinkreis seinen Platz.

Schließe abschließend noch einmal die Augen und lade dich mit der Kraft des entstandenen Chakren-Steinkreises auf. Komme langsam aus der Meditation und nimm dir die Zeit, das Erlebte noch zu reflektieren. Notiere dir für dich wichtige Erkenntnisse in deinem Heilsteintagebuch.

Heilsteine und die Planeten

Seit Tausenden von Jahren verwendet die Astrologie Edelsteine, um kosmische Energien anzuziehen oder abzuwehren. Die vedische Astrologie, genannt Jyotish, ordnet sogar jedem sichtbaren Planeten einen eigenen Heilstein zu. Wie im Abschnitt „Heilsteine und Ayurveda" bereits kurz dargestellt, kann die astrologische Ermittlung des passenden Edelsteines helfen, um die Planetenenergien, die tagtäglich auf uns wirken, positiv für sich nutzen zu können bzw. negative Einflüsse abzuhalten. Bis heute ist nicht bekannt, wie die Zuordnung der Edelsteine zu den Planeten entstanden ist. In den alten indischen Schriften war zwar lange die Rede von den Wirkungen dieser Steine auf den Menschen, doch Planeten und Tierkreiszeichen wurden nicht konkretisiert.

Wenn du dich für Astrologie und die Planeten interessierst und mit diesen Energien arbeiten möchtest, können dir folgende Informationen helfen, deine eigene Planeten-Steinsammlung aufzubauen und einzusetzen.

Die Sonne hält unser komplettes Sonnensystem zusammen. Ihre Anziehungskraft bewirkt, dass jeder Planet in der passenden Umlaufbahn unterwegs ist. Alle Planeten drehen sich um sie. Ihr Licht ist es, was Leben entstehen lässt und erhält. In einem Geburtshoroskop zeigt ihr Stand auf, welche Stellung ein Mensch in der Gesellschaft einnimmt. Es geht um Autorität und Macht, Eigenschaften, die durch die Sonnenenergie gespeist werden. Diese Energie kann, je nachdem, wie sie durch den Menschen genutzt und eingesetzt wird, positive und negative Eigenschaften hervorbringen. Positiv wäre es, die eigene Intelligenz und Stärke unterstützend für andere einzusetzen. Der Verstand ist klar und wach, das eigene Auftreten auf positive und wohlwollende Weise selbstbewusst. Wer diese Sonnenenergie auf negative Weise nutzt, ist vor allem daran interessiert, dass das eigene Ego im Mittelpunkt steht. Dies geht oft einher mit arrogantem und stolzem Auftreten. Neid und Eifersucht sind Emotionen, die als Antrieb für die eigenen Taten genutzt werden. Damit sich die positiven Eigenschaften verstärken, kann der Edelstein Rubin eingesetzt werden.

Viele Menschen spüren den Einfluss des Mondes auf ihr Leben. Dass er sehr mächtig in seiner Energie ist, zeigen die Gezeiten Ebbe und Flut. Der Mond symbolisiert in der vedischen Astrologie den Geist, das Denken und Fühlen. Auch steht er für das Weibliche sowie individuelles Bewusstsein. Seine Position im Horoskop macht Aussagen über die jeweiligen Tugenden oder Laster eines Menschen und wie er von anderen Menschen wahrgenommen wird. Alle Lebensbereiche, die mit Kreativität, Fantasie, Gefühlen und Intuition zu tun haben, stehen unter seinem energetischen Einfluss. Ist diese Energie positiv ausgerichtet, zeigen sich Charaktereigenschaften und Tugenden wie Geduld, Kreativität, Einfühlungsvermögen, Empathie, Anpassungsfähigkeit und Liebe. Negative Einflüsse der Mondenergie können Angst, Depression, Unsicherheit, Verwirrung und Unbeständigkeit im Leben zur Folge haben. Zur Unterstützung der positiven Mondenergie wird nicht ein Edelstein, sondern eine Perle mit ihrer energetischen Signatur empfohlen.

Der Mars, benannt nach dem römischen Kriegsgott, repräsentiert das Männliche, Stärke und Energie. Seine Stellung im Horoskop zeigt, wie mutig und ehrgeizig eine Person in ihrem Leben ist. Er dominiert die Lebensthemen Konflikte, Streit, Leidenschaft und Leistung. Sein Element ist das Feuer. Positive Eigenschaften der Marsenergie drücken sich durch Organisationstalent, Spontanität, Willensstärke, Ehrgeiz, Spontanität und Tapferkeit aus. Doch schlägt diese geballte Marskraft ins Gegenteil um, sind diese Menschen besonders aggressiv und verletzend gegenüber anderen und sich selbst. Rachefeldzüge, Wutausbrüche und Rücksichtslosigkeiten kennzeichnen das Verhalten. Dem Mars wird die rote Koralle zugeordnet, welche die positiven Eigenschaften seiner Einwirkung auf uns Menschen unterstützen soll.

Der römische Götterbote brachte Merkur seinen Namen. Er ist jener Planet, der Auswirkungen auf die persönliche Ausdrucksfähigkeit, die Sprache und den Intellekt hat. Im Horoskop verrät seine Positionierung etwas darüber, wie aufrichtig jemand mit anderen Menschen umgeht. Dies hat vor allem Auswirkungen auf die Bereiche Gewerbe, Handel und Diplomatie. Sein Element ist die

Erde. Menschen mit positiver Merkurenergie im Horoskop sind besonders kommunikativ und lernwillig. Analytische und rationale Denkweisen fallen ihnen besonders leicht. Im negativen Sinne kann die Merkurenergie aber auch dazu führen, dass Lügen, Betrug sowie Intrigen das Leben bestimmen. Menschen unter schlechtem Merkureinfluss sind vor allem an materiellen Dingen interessiert und richten ihr Leben danach aus, ihren Wohlstand zu vergrößern und zu sichern, koste es, was es wolle. Zur Unterstützung des Merkurs wird der Smaragd genutzt.

Der größte Planet unseres Sonnensystems ist der Jupiter. In der vedischen Astrologie wird er auch als der „Lehrer der Götter" bezeichnet, was bereits einiges über seine Energie aussagt. Er repräsentiert das Glück, den Reichtum und die Weisheit. Die Position des Jupiters im Horoskop verrät etwas über die spirituelle oder materialistische Ausrichtung dieser Person. Seine Hauptthemen sind Wissen, Moral, Ethik, Recht, Spiritualität, Religion und Wohlstand. Unter allen Planeten ist er der wohltätigste und er kann nicht nur den Göttern, sondern auch den Menschen ein Lehrer oder geistiger Führer sein. Sein Element ist Äther, der Raum. Positive Eigenschaften des Jupiters sind Weisheit, Glück, Ausgeglichenheit, Ehrlichkeit, Wohltätigkeit und Mitgefühl. Als negative Eigenschaften können Wut, Verschwendung und unglückliche Gemütszustände angezeigt sein. Seine unterstützenden Edelsteine sind gelbe Saphire oder gelbe Topase.

Venus, die römische Göttin der Liebe und Schönheit, verlieh diesem Planeten den Namen und steht für Sexualität, Kunst und Harmonie. Das vedische Horoskop kann von der Position der Venus zum Geburtszeitpunkt ablesen, welche Wünsche eine Person im Leben verfolgt und welche äußeren Werte ihr wichtig sind. Die Venus steht für die Künste wie Malerei, Dichtung, Musik, Tanz und Gesang, aber auch die Sinnlichkeit, Schönheit und Luxus. Ihr Element ist das Wasser. Ist die Venusenergie positiv im Leben vertreten, ist der Mensch besonders höflich, charmant, bestrebt nach Harmonie und hat einen guten Geschmack. Im negativen Sinne zeigt sich die Venusenergie als Oberflächlichkeit, Eitelkeit, Sucht und Verführung. Der Edelstein der Venus ist der Diamant oder weiße Zirkon.

Saturn ist der Planet der „karmischen Abrechnung". Damit die Wahrheit im Leben erkannt wird, bildet oft die Erfüllung eines Karmas das Mittel der Wahl, um einem die Augen zu öffnen. Persönliches Leid kann dazu führen, sich einem bestimmten Lebensthema zuzuwenden. Man sagt, dass die Seele eine Botschaft schickt. Daher ist Saturn kein einfacher Planet und seine Energie sogar gefürchtet. Doch eins ist sicher: Das Durchleben und Überstehen jener karmischen Geschehnisse kann den Menschen innerlich reifen lassen. Es ist kein Wunder, dass seine Hauptthemen daher Hindernis, Ausdauer, Arbeit, chronische Erkrankungen und Trennungen sind. Im Horoskop zeigt er etwas über die Lebensspanne, Disziplin und Sorgen des Menschen an. Sein Hauptthema ist das Leid des Menschen. Sein Element ist die Luft. Bei einer positiven Dominanz der Saturnenergie im Leben erweist sich diese Person als besonders fleißig und sparsam, pflichtbewusst, beständig und demütig. Das Gegenteil zeigt sich in Faulheit, übermäßiger Strenge, Pessimismus und Unehrlichkeit. Sein Heilstein ist der blaue Saphir, der die positiven Eigenschaften des Saturns besser zur Geltung zu bringt.

Folgende Übersicht zeigt dir noch einmal diese Heilsteine auf einen Blick. In der vedischen Astrologie wurden nur die sichtbaren Planeten sowie Sonne und Mond für die Zuordnung der Edelsteine thematisiert. Die Planeten Uranus und Neptun wurden daher nicht mit einbezogen.

Gestirne	Edelsteine laut vedischer Astrologie
Sonne	Rubin
Mond	Perle
Mars	rote Koralle
Merkur	Smaragd
Jupiter	gelber Saphir
Venus	Diamant, weißer Zirkon
Saturn	blauer Saphir

Spürst du eine besondere Anziehungskraft eines Planeten oder möchtest du die positiven Eigenschaften einer Planetenenergie fördern? Dann kannst du auch hier die bereits dargelegten Anwendungsmöglichkeiten wie z. B. Meditation, Edelsteinwasser, Steinkreis, Schmuckstein etc. für dich nutzen. Zur genaueren Analyse kann es hilfreich sein, sich ein vedisches Horoskop für den eigenen Geburtszeitpunkt erstellen zu lassen und so gezielt mit den Edelsteinen die Planetenenergien auszugleichen.

Heilsteine im Schamanismus

Im Schamanismus spielen Steine als Helfer und Werkzeug bei Ritualhandlungen eine große Rolle. In einigen schamanischen Traditionen besitzt ein Schamane oder eine Schamanin eine „Mesa", was übersetzt aus dem Spanischen eigentlich Tisch bedeutet, aber auch ein Plateau einer Hochebene bezeichnen kann, auf dem ein Schamane praktiziert. Aus der Ableitung von dem Wort „misa" bedeutet es zudem „Messe". Bei der Mesa handelt es sich um eine Art quadratisches Stoffbündel, das als beweglicher Altar oder Medizinbündel bei verschiedenen Zeremonien zum Einsatz kommt. Dabei ist der Inhalt einer Mesa sehr persönlich und variiert von Schamane zu Schamane.

Sie enthält im Allgemeinen 13 verschiedene Medizinsteine sowie andere für den Schamanen wichtige Kraftobjekte, die seine persönliche Heilreise symbolisieren. Die enthaltenen Heilsteine werden auch als „Khuya" (Quechua: „liebevolle Beziehung und Hingabe") bezeichnet. Der Schamane pflegt eine innige Beziehung mit seinen Steinen, behandelt sie besonders liebevoll und achtsam. Jeder Stein symbolisiert dabei eine Wunde, die im Laufe des Schamanenlebens körperlich oder seelisch zugefügt und durch den Weg der Erkenntnis und Heilung in persönliche Weisheit und Mut umgewandelt wurde. Die Steine repräsentieren auch die Energien der Erde und des Kosmos und sind energetisch mit ihnen verbunden. So können in einer Mesa z. B. Heilsteine enthalten sein, welche die vier Himmelsrichtungen symbolisieren. Im Schamanismus werden diese besonderen und persönlich ausgewählten Steine genutzt, um anderen Menschen damit zu helfen. Die Steine und Gegenstände werden in ein farbenfrohes Tuch, genannt „Mastana", eingewickelt und von außen verschnürt. Sie begleiten einen Schamanen auf allen Reisen und bei allen energiemedizinischen Sitzungen.

Die Mesa ist dabei in drei verschiedene Teile unterteilt. Ein Teil entspricht dem Feld der Dunkelheit, als „campo ganadero" bezeichnet, und befindet sich auf der linken Seite des Tuches. Gegenüber rechts liegt der Bereich des Lichtfeldes oder der Gerechtigkeit, „campo justiciero". In der Mitte befindet sich ein neutrales Feld. Diese dunklen, hellen und neutralen Energien sind im Grunde weder gut noch schlecht. Die Bedeutung gibt erst der Mensch ihnen in der Form, wie er sie in seinem Leben verwirklicht.

Schamanen der Andentradition verrichten ihre energetische Arbeit auf der Basis von drei verschiedenen Säulen. Die erste Säule beschäftigt sich mit der Rückverbindung zu Mutter Erde in Form einer Despacho-Zeremonie. Die zweite Säule ist eine Initiation, in der es um Übertragung von Energie geht. Die dritte Säule basiert auf der Arbeit mit den 13 heiligen Steinen, gesammelt und vereint in einer Mesa. In der schamanischen Lehre ist ganz klar, dass Steine, als älteste Wesen auf unserem Planeten, lebendig sind und eine persönliche Beziehung zu ihnen eine heilsame Verbindung darstellt.

Die Zusammenstellung einer Mesa, des heiligen und kraftvollen Altars des Schamanen, dauert oft mehrere Jahre. In dieser Zeit lernen sie die Steine intensiv mithilfe verschiedener Übungen kennen. So hat jeder der 13 Steine seine ganz eigene Geschichte und Energie, die dem Schamanen zur Heilung und Meditation dienen. Die Mesa ist daher wie das ganz persönliche Spiegelbild des Schamanen.

Wenn dir die schamanische Idee einer Mesa gefällt, kannst du dich in verschiedenen schamanischen Kursen und Ausbildungen intensiv mit der Heilarbeit von Steinen beschäftigen. Mittlerweile gibt es sogar sogenannte „Mesaschulen", in denen du über einen längeren Zeitraum hinweg unter Anleitung eines Schamanen oder einer Schamanin deine eigene Mesa erstellen kannst.

Als Anregung kann dir die Beschreibung der Mesa dazu dienen, eine persönliche Steinsammlung nach den genannten Gesichtspunkten zu erstellen. Notiere dir dafür, welche lichtvollen und dunklen Aspekte du in deinem Denken und Handeln erkennen kannst, welche du gerne unterstützen oder transformieren möchtest. Der nun folgende Weg könnte sein, die entsprechenden Heilsteine für deine notierten Punkte analytisch oder intuitiv zu finden und gezielt mithilfe von Meditationen, Edelsteinwasser, Auflegen auf den Körper etc. daran zu arbeiten. Du kannst auch den umgekehrten Weg gehen und die geistige Welt darum bitten, dir einen Stein zu senden, der für deine persönliche Entwicklung wichtig ist. Wähle ihn anschließend per Zufall aus einer bestehenden Steinsammlung aus oder blättere schnell durch ein Heilsteinebuch und stoppe intuitiv auf einer Seite. Lies dir die Beschreibung der Eigenschaften des Steins aufmerksam durch und erkenne, welche Aspekte davon bei dir innerlich Resonanz erzeugen. Mit der Zeit wirst du merken, dass du zu manchen Steinen einen einfacheren Zugang hast, während sich andere eher fremd und schwierig anfühlen. Doch beide Seiten halten für dich wichtige Lernschritte und Erkenntnisse bereit, wenn du dich ihnen öffnen kannst. Bei dieser Zusammenstellung, die sozusagen ein Spiegelbild deines Selbst werden soll, lassen sich auch natürliche Steine integrieren, die du z. B. auf einem Spaziergang von der Natur geschenkt bekommst und bei denen du spürst, dass es eine Verbindung zwischen euch gibt. Wenn du möchtest, kannst du diese Steine natürlich ebenfalls in einem schönen Tuch aufbewahren.

Tipps zur Aufbewahrung und Pflege deiner Heilsteine

Wenn du nun einige der Übungen durchgeführt hast und deine Steinsammlung sich langsam aufbaut, ist es wichtig zu wissen, wie du sie optimal aufbewahren und pflegen kannst. Da es sich bei der Arbeit mit Heilsteinen um Energiearbeit handelt, wird diese Pflegeanleitung auch energetische Maßnahmen wie das „Entladen" und „Aufladen" beinhalten, wovon du an einigen Stellen im Buch bereits etwas gehört hast. In diesem Kapitel erfährst du noch ausführlicher, welche Möglichkeiten du hast.

Heilsteine richtig aufbewahren

Wie du schon erfahren hast, trägt jeder Stein bestimmte Informationen und Energien in sich, die er weitergeben kann. Doch nehmen sie auch diese von anderen Energiequellen auf. Da alles Existierende Energie in sich trägt, kannst du dir vorstellen, dass wir in einem sehr dichten, unsichtbaren Netz von energetischen Informationen leben.

Für deine Heilsteinesammlung bedeutet dies, dass die Steine aufeinander reagieren, wenn sie nebeneinander z. B. in einer Schmuckschatulle liegen. Als Beispiel seien der Bergkristall und der Amethyst angeführt, die zur energetischen Reinigung von Edelsteinen benutzt werden, denn sie neutralisieren Informationen anderer Steine. Wenn du nun einen Heilstein gerade neu mit Energie aufgeladen hast, können diese beiden Edelsteine dazu führen, dass die Auflading umsonst war und sie neutral und damit unwirksam zurücklassen. Wenn du auf Nummer sicher gehen willst, bewahrst du deine Edelsteine daher einzeln in einer Art „Setzkasten" aus Holz auf, sodass sie die jeweilige energetische Signatur für sich behalten.

Damit deine Edelsteine strahlend und schön bleiben, kannst du darauf achten, dass sie nicht zu trocken gelagert werden. Jeder Stein enthält auch einen gewissen Anteil an Wasser. Durch Verdunstung gibt er dieses an seine Umgebung ab. Kontrolliere daher regelmäßig, ob die Farbe deiner Steine noch kräftig ist und sich Veränderungen ergeben haben. Wenn die Farbe eines Edelsteins einmal verloren gegangen ist, kann man dies leider nicht mehr rückgängig machen. Manchen Steinen wie z. B. dem Opal tut es daher gut, ab und zu in ein feuchtes Tuch gehüllt oder als Wasserstein genutzt zu werden.

Veränderungen der Edelsteine können sich auch dann ergeben, wenn du sie als Talisman oder Schmuck direkt auf der Haut trägst. Denn Schweiß hat einen anderen pH-Wert als das gespeicherte Wasser des Steines. Schweiß kann auf den Edelstein wie eine Säure wirken und ihm strukturellen Schaden zufügen oder die Farbe verändern. Beobachte deine Steine daher und lege sie öfter einmal vom Körper ab. Reinige sie regelmäßig mit pH-neutralem Wasser.

Eine weitere Auswirkung kann UV-Licht auf Edelsteine haben. Direktes Sonnenlicht bleicht die Farbe deiner Heilsteine aus. Kristalle können im Sonnenlicht die Strahlung bündeln und sogar zum Brandherd werden. Schütze deine Heilsteine daher vor aggressiver Bestrahlung und nutze zum Aufladen der Steine das sanfte Licht der Morgen- und Abendröte. Einige Heilsteine vertragen das Sonnenlicht schlechter als andere. Teilweise kann es sogar zum Verlust der Energien und damit der Heilkräfte kommen. Jedoch gibt es verschiedene Möglichkeiten, wie du deine Heilsteine auch ohne Sonnenlicht wieder energetisieren kannst.

Ob ein Edelstein seine Energie durch äußerliche Veränderungen mit der Zeit verliert, kannst du selbst testen, da du mittlerweile viele verschiedene Möglichkeiten gelernt hast, dich mit ihnen zu verbinden. Am einfachsten ist es, ihn in den Händen zu halten und bei geschlossenen Augen zu spüren, ob du ihn noch als lebendig wahrnimmst.

Heilsteine entladen

Wenn du einen Heilstein in einem Geschäft kaufst, bei einem Spaziergang findest oder über das Internet bestellst, kommt stets ein Stein mit zu dir nach Hause, der auch fremde Energien mit sich trägt. Dies können Informationen sein, die seine eigenen stören und dir nicht behilflich sind bei deiner Arbeit mit ihm. Grundsätzlich gilt, dass jeder Stein vor einer Anwendung entladen, das heißt gereinigt werden sollte. Anschließend erfolgt noch eine Aufladung, damit du wirklich von der puren Kraft des Steines profitieren kannst.

Um einen Stein zu entladen, kannst du Wasser nutzen, wenn der Edelstein mit Wasser in Berührung kommen darf. Recherchiere dies ggf. bei Zweifeln vorher noch einmal in einem Heilsteinlexikon. Die Reinigungskraft des Wassers hilft dabei, Informationen zu neutralisieren. Du kannst ihn dafür mindestens eine Minute unter lauwarmes, fließendes Wasser halten und mit der Hand abreiben. Ab dem Zeitpunkt, wenn sich die Steinoberfläche stumpf anfühlt, ist er bereit, wieder neue Energien in sich aufzunehmen. Lasse den Stein am besten an der Luft trocknen.

Es gibt auch Helfersteine, die Edelsteine entladen können. Hierzu zählt der Hämatit. Er hat die Eigenschaft, die Energie anderer Edelsteine aufzunehmen, was zu einer Entladung führt. Du kannst dir z. B. ein eigenes „Hämatitbad" herstellen, indem du viele kleine Hämatit-Trommelsteine in eine Schale füllst. In dieses Steinbad kannst du deinen Heilstein für mindestens 16 Stunden legen, bei großen Steinen kann es noch länger dauern. Diese Vorgehensweise kann dich mehr Zeit kosten, da die Reinigungsdauer länger ist als bei Wasser und auch die Hämatitsteine danach gereinigt werden müssen, da sie die Informationen des gereinigten Steines in sich tragen und wieder weitergeben würden.

Die Wassermethode ist im Vergleich zur Hämatitmethode zur Reinigung zwar die schnellste, aber nicht alle Steine eignen sich dafür. Bei Edelsteinen, die unbedenklich mit Wasser in Kontakt kommen können, kannst du die Reinigungsverfahren abwechseln, sodass sie noch effektiver von Fremdenergien befreit werden.

Eine beliebte und für alle Heilsteine geeignete Methode, die vor allem im Schamanismus angewandt wird, ist die Räucherung zur energetischen Reinigung eines Steines bzw. mehrerer Steine. Der Rauch nimmt dabei fremde Energien in sich auf und trägt sie weg. Es gibt auch spezielle Räuchermischungen, die speziell für diesen reinigenden Effekt zusammengestellt wurden. Besonders reinigend wirkt der Rauch von Sandelholz, Weihrauch oder weißem Salbei.

Auch die Schwingungen von Klang können mithilfe ihrer Frequenzen reinigend wirken. Wenn du eine Klangschale besitzt, kannst du deine Heilsteine damit bespielen, sodass ihre Schwingungen auf die Steine wirken können.

Amethystdrusen werden gerne zur Reinigung von Edelsteinen benutzt, da sie die Energien neutralisieren können. Eine Druse ist ein Hohlraum in einem Gestein, das vollständig mit Kristallen ausgefüllt ist. Wenn du so eine natürliche „Kristallschale" aus Amethyst besitzt, kannst du deinen Heilstein zur Reinigung über Nacht dort hineinlegen.

Manchmal wird auch Salzwasser oder Salz empfohlen, um Edelsteine darin energetisch zu reinigen. Beachte dabei aber, dass das Salz für manche Steine zu aggressiv sein könnte.

Heilsteine erneut aufladen

Der Prozess des Aufladens von Heilsteinen ist ein ganz besonderer, bekommt dein Stein jetzt doch seine für dich wichtige Information zurück, die er an dich abgeben kann. Du solltest diesem Verfahren daher besonders viel Aufmerksamkeit schenken und es als eine Art Zeremonie sehen. Diese Rituale wurden auch in verschiedenen Kulturen durchgeführt und verbinden so mit der Weisheit und Kraft der Ahnen.

Wärme hilft, Heilsteine erneut aufzuladen und ihre Energien zu aktivieren. Du kannst dafür deine Hände nutzen, um ihn anzuwärmen. Auch ein warmes Wasserbad kann für die Energie eines Steines unterstützend sein. Die gängigste Methode ist es, Heilsteine mit der Kraft der Sonne aufzuladen. Bitte beachte dabei, dass die UV-Strahlung nicht zu stark ist und nutze die Sonnenstrahlen am Morgen und am Abend. Nur wenige Edelsteine, wie z. B. das Tigerauge, lieben die pralle Sonneneinstrahlung. Lasse deine Heilsteine aber auch morgens und abends nicht zu lange in der Strahlung liegen, maximal eine halbe Stunde.

Auch das Mondlicht wird gerne genutzt, um Edelsteine erneut zu energetisieren. Besonders die Vollmondnacht eignet sich dafür. Zu bedenken ist, dass Sonnen- und Mondlicht wiederum eigene Informationen enthalten. Daher sollte man beim Aufladen im

Mondschein die einzelnen Phasen des Mondzyklus beachten. Wenn du Heilsteine aufladen möchtest, die eine Energie verstärken sollen, ist die Phase des zunehmenden Mondes zu empfehlen. Wenn du bestimmte Energien abmildern oder sogar loswerden willst, empfiehlt sich die Phase des abnehmenden Mondes.

Ein Helferstein für die Energetisierung deiner Heilsteine ist der Bergkristall. Aber auch er sollte vorher gereinigt werden, um in einem neutralen Zustand zu sein. Halte ihn dafür einfach eine Minute unter warmes, fließendes Wasser. Der Bergkristall hat die Eigenschaft, dass er die Kraft anderer Heilsteine verstärken kann. Er eignet sich daher besonders gut zum Aufladen. Auch nehmen andere Edelsteine seine Qualität der Reinheit in sich auf, was ihre eigenen Informationen noch klarer wirken lässt. Möchtest du deine Heilsteine mit einem Bergkristall energetisieren, kannst du sie dafür auf einen Rohstein mit entsprechender Größe oder in eine Schale gefüllt mit Bergkristalltrommelsteinen legen. Gib dem aufzuladenden Heilstein eine Nacht lang Zeit, um sein volles Potenzial für dich entfalten zu können.

Reinigung und Aufladung der Heilsteine für Edelsteinwasser

In der Regel gelten bei der Pflege der Wassersteine dieselben Möglichkeiten wie bei allen anderen Heilsteinen. Da es sich aber um eine innere Anwendung handelt, sind zusätzlich besondere hygienische Maßnahmen zu beachten. Zur energetischen Reinigung kommt daher noch die manuelle Säuberung, damit keine Gefahr von Keimen und Erregern ausgehen kann.

Bevor du ein Edelsteinwasser ansetzt, solltest du, entsprechend der Empfindlichkeit deines Heilsteines, diesen mit einer Bürste unter lauwarmem, fließendem Wasser reinigen. An ihm können Schmutzpartikel und Staub hängen, die nicht in das Trinkwasser übergehen sollen. Bitte verwende dabei weder Seife noch Spülmittel, die zu aggressiv für deinen Stein sein könnten. Auch möchtest du keine Reste davon in deinem Heilsteinwasser haben. Nur bei sehr starker Verschmutzung des Steines kannst du auf biologische Reinigungsmittel zurückgreifen. Lässt sich dieser Schmutz nicht entfernen, benutze diesen Stein dann lieber nicht für dein Wasser, da dieser Schmutz auch energetisch verunreinigen würde. Starke Desinfektionen von Edelsteinen mit Alkohol sind grundsätzlich möglich, können aber empfindlichen Steinen sehr schaden. In diesem Fall kannst du alternative Möglichkeiten zur Herstellung von Edelsteinwasser nutzen, die ohne direkten Wasserkontakt auskommen. Ein Reagenzglas oder Edelsteinstab können hier die bessere Wahl sein.

Nach der mechanischen Reinigung erfolgt, wie bei allen Heilsteinen, auch eine energetische Reinigung. Nutze davor eine geeignete Variante wie z. B. mit Wasser, Hämatit oder Amethyst.

Bevor du das Edelsteinwasser ansetzt, verwendest du die beschriebenen Möglichkeiten, um deinen Wasserstein erneut aufzuladen. Achte auch hier darauf, dass alle Auflageflächen gut gereinigt sind.

Im Unterschied zu den Heilsteinen, mit denen du meditierst oder Steinkreise aufbaust, solltest du bei den Edelsteinen zur Wasserenergetisierung daher auf besondere Sorgfalt bei der Reinigung achten, damit du ohne Bedenken und Fremdenergien von Schmutz und Keimen etc. dein Wasser genießen kannst.

Ritual zur Reinigung und Aufladung der Heilsteine

Besonders schön ist es, wenn du die Reinigung und Aufladung deiner Heilsteine mit einem Ritual verbindest. Das ist kein Muss, sondern entspringt eher einem inneren Bedürfnis, den Steinen durch den rituellen Rahmen eine Form der Wertschätzung entgegenzubringen und deine eigene Haltung und Verbundenheit mit ihnen zu stärken. Rituale fanden zu allen Zeiten in allen Kulturen statt, um in Kontakt zu treten, zu ehren und zu danken. Objekte in einem Ritual zu würdigen, erscheint in der Moderne vielleicht widersinnig oder abstrakt. Doch wenn man, wie viele spirituelle Lehren das taten, davon ausgeht, dass alles in der Welt beseelt ist, sind es auch die Heilsteine, sodass auf Seelenebene ein Kontakt stattfinden kann. In Ritualen lässt sich diesen Momenten die nötige Ehre und Stille erweisen.

Rituale haben auch die Kraft, dich im Jetzt ankommen zu lassen, und halten die Zeit für einige Momente an. Es ist ein Augenblick, um still zu werden und in sich hineinzuhören, sich selbst und den Heilstein während der Ritualzeit besser kennenzulernen. Immer wiederkehrende Rituale können außerdem eine gewisse Struktur und Sicherheit im Leben geben.

Letztendlich erhält ein Ritual seine Bedeutung und Kraft durch dich. Du gibst deinem Ritual die Bedeutung und den Rahmen durch deine innere Haltung, deine Verbindung und deine Hingabe. Das Ritual lebt erst durch dich, durch deine Präsenz und Energie, die du in diesem Moment ausstrahlst. Energien fließen von dir weg und kommen zu dir, es ist ein ständiger Austausch zwischen allem Existierenden. Diesen Fluss der Energien kann man eher wahrnehmen, wenn man selbst achtsam und aufmerksam beobachtet, was während einer Ritualzeit besonders gut möglich ist.

Rituale sind nichts Starres, sondern leben von deiner Kreativität. Du musst keinen exakten Schritten folgen, wenn sie sich nicht gut für dich anfühlen. Empfehlungen für Rituale sind stets Anregungen und dienen der Inspiration. Wandle deine Rituale daher gerne so ab, dass sie dir entsprechen.

Ein mögliches Ritual zur Reinigung und Energetisierung von Heilsteinen könnte wie folgt aussehen:

Bereite zunächst alles vor, was du dafür brauchst. Wähle einen Ort für dich aus, an dem du dich wohlfühlst und für einige Zeit ungestört sein kannst. Du kannst die Vorbereitung sogar schon damit beginnen, dass du diesen Raum besonders liebevoll gestaltest, ihn aufräumst und putzt. Auf mögliche Störquellen, wie z. B. Elektrosmog, kannst du achten und diese vorher entfernen. Vielleicht möchtest du dich selbst vorher reinigen und ein entspannendes Bad oder eine Dusche nehmen. Auch eine Meditation vorher kann helfen, all das Geschehene des Tages abzuschütteln und einen bewussten Schnitt im Tagesverlauf zu setzen. Kleide dich so, dass du dich authentisch und wohlfühlst.

Lege alle Dinge bereit, die du für die Reinigung und Aufladung benötigst. Das könnten sein: Heilsteine, Wasser, Räucherutensilien, Klangschale, Kerzen, Blumen, Amethystdruse, Bergkristall, Tücher etc.

Nun ist die Zeit gekommen, dein Ritual zu beginnen. Setze dich dafür bequem auf den Boden oder auf den Stuhl vor einem Tisch und finde in einen entspannten, aber konzentrierten Zustand. Führe jede Bewegung achtsam durch, atme natürlich und folge deiner Intuition. Vielleicht möchtest du deinen „Arbeitsplatz" vorher mit einigen Blüten verschönern oder hier bunte Tücher auslegen. Wenn du gerne mit Räucherstäbchen oder Räucherkohle arbeitest, kannst du diesen Ort und deine Utensilien damit reinigen. Kerzenlicht will eine besonders schöne Stimmung während des Rituals erzeugen. Achte aber unbedingt darauf, sämtliche Brandschutzmaßnahmen einzuhalten.

Wenn du deine Heilsteine mit Wasser reinigst, kannst du an dieser Stelle eine Intention setzen oder einen Wunsch äußern, um deine Handlungen zu unterstützen. Bitte zum Beispiel um Unterstützung bei diesem Ritual durch die geistige Welt. Manche Menschen finden Engelenergien sehr positiv, du kannst auch deine eigene Seele darum bitten oder einfach den Willen zum Ausdruck bringen, dass du jetzt Reinigung und Energetisierung bei deinen Heilsteinen vornehmen möchtest. Tauche deinen Heilstein dann in das lauwarme Wasser und lasse ihn einige Zeit darin liegen. Wenn du magst, nimm innerlich Kontakt mit dem Stein auf, bitte ihn darum, Energien loszulassen, die dir nicht dienlich sind. Nach einiger Zeit kannst du ihn herausnehmen und auf eine schöne Unterlage legen. Wenn du mit mehreren Steinen arbeitest, kannst du sie nach dem reinigenden Bad zum Trocknen in einen Steinkreis oder ein Mandala legen.

Wenn du möchtest, ist es möglich, deine Heilsteine auch lediglich mit dem Klang der Klangschale zu reinigen oder sie ergänzend zur Wasserreinigung einzusetzen. Bringe dafür deine Klangschale zum Klingen und schlage sie in einem regelmäßigen Takt an. Gehe damit über die Edelsteine hinweg, und lasse die Schwingungen des Klangs sich gleichmäßig ausbreiten. Gib deinen Heilsteinen genügend Zeit, sich in diesem Klangbad zu reinigen.

Eine Räucherung kann anstelle von Wasser und Klang oder ergänzend eingesetzt werden. Entzünde dein Räucherstäbchen oder die Räucherkohle, auf die du die entsprechenden Kräuter legst. Achte auf eventuelle Rauchmelder im Zimmer, die sehr empfindlich auf den Rauch reagieren können und so dein Ritual jäh unterbrechen würden. Der Rauch lässt sich z. B. mit einer Feder gut über die Steine verteilen. Du kannst aber auch jeden einzelnen Stein mit einer Holzzange aufnehmen und kurz über den Rauch halten. Ermögliche deinen Heilsteinen ein möglichst gleichmäßiges Bad in dieser Räucherung. Nach dieser Form der Reinigung sollte das Zimmer gelüftet werden, damit der Rauch mit den gespeicherten Energien abziehen kann.

Zum Abschluss des Reinigungsrituals kannst du noch einmal deine Augen schließen und dich an deine anfängliche Intention oder deinen Wunsch erinnern. Vielleicht möchtest du auch einfach nur ein paar Atemzüge in Stille genießen und die Energie von Reinheit spüren.

Du kannst das Ritual an dieser Stelle beenden und deine Heilsteine über Nacht noch weiter auf einer Amethystdruse oder einer Schale mit Hämatitsteinen reinigen lassen, oder du schließt direkt eine Aufladung an.

Wenn du das Mondlicht zum Aufladen nutzt, kannst du deine Edelsteine im Mondlicht besonders schön anordnen, dort eine

Weile meditieren oder einfach den Mond betrachten und die kühle Luft der Nacht genießen. Schließe dein Ritual dann dort ab, indem du dich z. B. bei deinen Heilsteinen bedankst, dass sie sich nun mit ihrer Energie für dich bereitmachen.

Solltest du einen Bergkristall zur Energetisierung nutzen, platziere ihn an einem für ihn vorbereiteten Ort, z. B. auf einem schönen Tuch, und lege dann ganz bewusst deinen Heilstein darauf. Das Ende des Rituals kann durch das Ertönen der Klangschale erfolgen oder durch das bewusste Auslöschen der Kerze.

Besonders schön ist das Aufladen der Edelsteine früh am Morgen, etwa eine halbe Stunde nach Sonnenaufgang, oder in der Sanftheit der Abendröte. Auch diese besonderen Momente des Tages kannst du für dein Heilsteinritual nutzen und sie im Rahmen einer kleinen Meditation mit dem bewussten Betrachten der Steine verbinden.

Finde deine Wege für einen bewussten Umgang mit den Heilsteinen. Du wirst merken, dass du dadurch einen intensiveren Bezug zu ihnen erhältst und womöglich auch ihre Energien deutlicher für dich spürbar werden. Zwar muss nicht bei jeder Reinigung und Aufladung ein aufwendiges Ritual stattfinden, doch ein Moment der kurzen Besinnung und Konzentration verbunden mit ein paar tiefen Atemzügen kann die Energie einer Handlung sofort positiv verändern.

Abschluss

Die Welt der Heilsteine hat sich dir nach Lektüre dieses Buches für deine ersten Schritte mit ihnen geöffnet. Einige Erfahrungen mit den wunderschönen Heilsteinen haben dir vielleicht schon eindrücklich gezeigt, dass sie keine leblose Materie sind. Jeder Mensch wählt andere Zugänge, um mit seiner Natur in Kontakt zu treten und Verbindung aufzunehmen. Die verschiedenen Informationen und Anregungen sollten deine Neugierde am Ausprobieren und Forschen wecken. Wenn du bereits begonnen hast, dir verschiedene Heilsteinsammlungen zu erstellen, hast du bestimmt gemerkt, dass der Markt mit den bunten Energiehelfern groß und unübersichtlich ist. Wie du jetzt weißt, hat die Qualität und Herkunft eines Steins erheblichen Einfluss auf seine energetische Signatur und damit auch auf die Arbeit mit ihm. Viele Heilsteine werden stark verarbeitet oder sogar gefärbt und chemisch behandelt bis hin zu gefälscht (z. B. Türkis). Echtheitszertifikate können dabei helfen, bei wirklich seriösen Händlern zu kaufen.

Nach der intensiven Arbeit mit den Heilsteinen hast du vielleicht gespürt, dass sie auf verschiedenen Ebenen wirken. Ihre Energien strahlen auf Körper, Geist und Seele gleichermaßen. Da es sich hierbei um einen feinstofflichen Bereich deines Seins handelt, können wissenschaftlich empirische Erklärungsmodelle als Beweis für die Wirkung von Heilsteinen nicht herangezogen werden.

Doch gerade diese Tatsache macht die Zusammenarbeit mit den Heilsteinen so spannend, denn ihre gespeicherten Informationen aus Milliarden von Jahren sind womöglich auf anderen Ebenen „lesbar", als dies die wissenschaftlich technologisierte Welt heute darunter versteht. Warum sonst konnten sich die Edelsteine ihren heilenden Ruf und ihren faszinierenden Zauber über eine so lange Zeitspanne und über kulturelle Grenzen hinweg erhalten? Nicht alles, was sich in der feinstofflichen Ebene abspielt, ist auf der materiellen Ebene beweisbar. Doch manche Wahrheiten lassen sich auch nur im Herzen spüren, in dem die Heilsteine bei dir jetzt vielleicht auch ihren Platz eingenommen haben, um dich weiterhin in deinem Leben zu begleiten.

Quellen und weiterführende Literatur

Bleyle, M. (2021). *Edelsteintherapie: Mit Steinen heilen.* Verband Deutscher Tierheilpraktiker. https://www.tierheilpraktiker.de/magazine/mein-tierheilpraktiker/alle-ausgaben/1-2013/edelsteintherapie-mit-steinen-heilen

Böer, M. (2018). *Die Mesa.* Schamanische Andentradition. https://www.maditaboeer.de/mesa/

Brady, J. E., & Prufer, K. M. (1999). Caves and Crystalmancy: Evidence for the Use of Crystals in Ancient Maya Religion. *Journal of Anthropological Research, 55*(1), 129–144. https://doi.org/10.1086/jar.55.1.3630980

Braun, U. (2021). *Gut schlafen: Welche Steine sind hilfreich bei Schlafstörungen.* Schlafstatt. https://www.schlafstatt.com/gut-schlafen-mit-heilsteinen/

Butterworth, L. (2019). *Die Kraft der Steine: 70 Heilsteine, ihre Wirkung und Anwendung.* Dorling Kindersley Verlag.

Doren, Y. V. (2018). *Crystals: The Modern Guide to Crystal Healing.* Quadrille Publishing.

Energy in Medicine. (1988). *Holistic Medicine, 3*(2), iv. https://doi.org/10.3109/13561828809116816a

Exposito, P. (2021). *Edelsteine im Feng Shui: Steine mit energetischer Aufladung.* Feng Shui Institute of Excellence. https://feng-shui.de/edelsteine-im-feng-shui/

Figdor, K. (2006). *Die Zuordnung der Edelsteine zu den Planeten in der indischen Astrologie, Teil 2.* Ayurveda Portal. https://www.ayurveda-portal.de/ayurveda-artikel/allgemein/520

Frazier, K. (2015). *Crystals for Healing: The Complete Reference Guide With Over 200 Remedies for Mind, Heart & Soul.* Althea Press.

Frazier, K. (2017). *Crystals for Beginners: The Guide to Get Started with the Healing Power of Crystals.* Althea Press.

Gutzmann, G. (2019). *Das große Lexikon der Heilsteine, Düfte und Kräuter: 480 handelsübliche und gut erforschte Heilsteine mit über 4000 Heilwirkungen von A-Z. 182 . . . inklusive 2500 Krankheiten von A-Z.* Methusalem Verlag UG.

Hall, J. (2016). *The Crystal Bible (The Crystal Bible Series Book 1).* Krause Publications.

Heilsteinwelten. (2021). *Steinsorten sortiert nach Farbe.* https://www.heilsteinwelt.de/oxidshop/Steinsorten-sortiert-nach-Farbe/

Ishaque, S., Saleem, T., & Qidwai, W. (2009). Knowledge, attitudes and practices regarding gemstone therapeutics in a selected adult population in Pakistan. *BMC Complementary and Alternative Medicine, 9*(1). https://doi.org/10.1186/1472-6882-9-32

Kalies, A. (2021). *Feng Shui Steine – Wirkung von Feng Shui Mineralien und Heilsteine.* Feng Shui Hausbau. http://www.feng-shui-hausbau.de/feng-shui-steine-wirkung-feng-shui-mineralien-heilsteine/

Kather, E. (2017). *Meditieren mit Kristallen.* Flow & Glow. http://flowandglow.de/meditieren-mit-kristallen/

Kühni, W., & Holst, W. V. (2017). *Taschenlexikon der Heilsteine.* AT Verlag.

L. (2018). *Die 10 wichtigsten Heilsteine.* youmoon. https://www.youmoon.de/die-10-wichtigsten-heilsteine

Labacher, J. (2013). *Heilsteine: 50 Steine und ihre therapeutische Anwendung für Körper und Seele.* Irisiana.

Lilly, S., & Lilly, S. (2018). *Handbuch Heilsteine: Die 100 besten Steine für Gesundheit, Glück und Lebensfreude.* Bassermann Verlag.

Maxelon, C. (2021). *STEINE und KRISTALLE in der Naturspiritualität*. Bussardflug. https://www.bussardflug.de/steine-kristalle/

McClean, S. (2013). The Role of Performance in Enhancing the Effectiveness of Crystal and Spiritual Healing. *Medical Anthropology*, *32*(1), 61–74. https://doi.org/10.1080/01459740.2012.692741

Nahin, R. L. (2001). Research into complementary and alternative medicine: problems and potential. *BMJ*, *322*(7279), 161–164. https://doi.org/10.1136/bmj.322.7279.161

netgrade GmbH. (2016). *Sternzeichen - Astrologie trifft auf Heilsteine!* Heilsteine-Ratgeber. https://www.heilsteine-ratgeber.net/sternzeichen.html

Purle, T. (2020). *Heilsteine - Mineralien mit Wirkung?* Steine&Minerale. https://www.steine-und-minerale.de/artikel.php?topic=4&ID=440

Purle, T. (2021). *Steine, Mineralien und Edelsteine - Gemeinsamkeiten und Unterschiede*. Steine&Minerale. https://www.steine-und-minerale.de/artikel.php?topic=2&ID=19&keywords

R. (2021). *Heilsteine für Kinder*. heilstein.de. https://heilstein.de/heilsteine-fuer-kinder/

R. (2021). *Heilsteine und Ayurveda – große Wirkung durch kleine Steine*. heilstein.de. https://heilstein.de/heilsteine-und-ayurveda-grosse-wirkung-durch-kleine-steine/

Reschreiter, A. (2019). *Wie du die Yin und Yang Kräfte schlau in deinem Körper nutzt*. annatsu. https://annatsu.at/wie-du-die-yin-und-yang-kraefte-in-deinem-koerper-nutzt/

Rosenberg, M., & Rosenberg, K. (2021). *Der große Ayurveda Test · Vata Pitta Kapha*. Rosenberg Health & Management. https://www.rosenberg-ayurveda.de/wissen/ayurveda-test-vata-pitta-kapha.html

Rosenberger, U. (2014). *Wasser & Steine: Edelsteinwasser selbst herstellen*. Schirner Verlag.

Schweikart, B. (2021). *Steinheilkunde*. Edelsteine.net. https://www.edelsteine.net/wirkung/steinheilkunde/

Simmons, R., Ahsian, N., & Raven, H. (2015). *The Book of Stones: Who They Are and What They Teach*. Destiny Books.

Sterr, A. (2020). *Meditation mit Heilsteinen – alles, was du wissen musst*. Anahata. https://www.anahata.de/blogs/wissen/meditation-mit-heilsteinen

Sterr, A. (2021). *Welcher Edelstein ist der richtige für mich?* Anahata. https://www.anahata.de/blogs/wissen/welcher-edelstein-ist-der-richtige-fur-mich

Stöger, C., & Stöger, R. (2021). *Meditation mit Heilsteinen*. Heile-Mineralienwelt. https://www.heile-mineralienwelt.com/meditation-mit-heilsteinen/

Thümer, N. (2019). *Edelsteine – die kostbaren Gaben der Natur*. YogaEasy. https://www.yogaeasy.de/artikel/edelsteine-die-kostbaren-gaben-der-natur

Villoldo, A. (2016). *Was ist eine Schamanen-Mesa? - Die vier Winde*. The Four Winds. https://thefourwinds.com/de/blog/shamanism/what-is-a-shamans-mesa/

Waschke, S. (2019). *Steinheilkunde – Anwendung und Wirkung*. Heilpraxisnet.De. https://www.heilpraxisnet.de/ganzheitliche-medizin/steinheilkunde/

www.ingramcontent.com/pod-product-compliance
Lightning Source LLC
Chambersburg PA
CBHW071245070526
44583CB00017B/2340